나에게 몰입하는 시간의 힘

인생을 긍정적으로 바꾸는

나에게 몰입하는 시간의 힘

한근영 지음

유노
북스

나에게 몰입할수록
인생이 다채로워진다

오래전 '나는 왜 이럴까' 혹은 '사람들은 왜 이럴까'라는 궁금증으로 심리학을 전공한 이후 까마득한 시간이 지났다. 이제는 심리학을 모르고 산 시간보다 배우고 산 시간이 더 길어졌다.

이토록 오랫동안 심리학을 공부하면서 알게 된 사실은 책에서 배운 이론과 일상생활에서 발견한 마음 사이에는 큰 차이가 있다는 것이다.

하루하루 경험이 쌓이는 인간의 마음은 머리로 배운 심리학보다 항상 더 크고 복잡하고 이해하기가 어려웠다. 머리로는 알지만 여전히 실제로 느끼는 나의 기분, 욕구, 마음을 받아들이는 것이 쉽지 않았다. 아는 게 전부가 아니라는 것을 알게 된 셈이다.

이성적으로 '이렇게 해야 한다'고 생각해도 이를 실천하지 않으면 당연히 삶은 변하지 않는다. 게다가 지금처럼 정보를 쉽게 얻을 수 있는 시대에는 온갖 지식이 넘쳐 나기 때문에 이를 전부 실천하고 삶에 적용하기가 더욱 어려워졌다.

이 책의 주제인 몰입(Flow)이라는 정신 현상도 마찬가지다. 몰입을 학문적으로 잘 아는 것과 실제로 내 삶에 몰입하며 사는 것은 다르다. 실제로 여러 가지 조건에 들어맞아 언제 어디에서든 자신에게 몰입을 잘하는 사람이라면 아마 학문적으로 공부할 필요가 없을 것이다. 자신의 상태에 충분히 만족하면서 살아갈 테니 말이다.

자신에게 몰입하지 못하고 타인의 시선을 의식하는 사람들은 어떤 상황에도 흔들리지 않고 자신에게 몰입하면서 꿈을 이루는 사람들을 부러워한다. 하지만 어떻게 해야 그들처럼 될 수 있는지는 알기 어려울 것이다. 어떻게 하면 내 삶에 더 집중할 수 있을까? 가장 중요한 것은 나 자신에게 몰입하는 시간부터 늘리는 것이다.

몰입을 연구하는 나 역시 '몰입을 잘하는 사람인가?' 하고 생각해 보면 대개의 사람들처럼 그럴 때도 있고 아닐 때도 있다. 늘 최상의 상태를 유지하는 것은 불가능하다.

원하는 때에 최상의 상태를 유지하려면 여러 가지 준비가 필요하다. 몰입하기 전에 준비해야 할 것도 있고, 몰입하는 시간을 오래 유지하기 위해 실천해야 할 기술도 있다. 더불어 몰입의 시간이 끝난 이후 꾸준히 스스로를 돌보는 일도 필요하다.

남과 비교하지 않고도 행복해지는 몰입하는 시간의 힘

하기 싫은 일을 미룰 수 있을 때까지 미루다가 마감 기한에 몰아쳐서 마무리해 본 경험이 있는가? 이런 상황에서는 몰입이 아주 잘될 때도 있고 반대로 딴생각만 들며 몰입이 전혀 안 될 때도 있다.

천재는 항상 똑똑한 사람이 아니라 상대적으로 더 자주, 더 오래 똑똑한 상태를 유지하는 사람이다. 몰입도 마찬가지다. 언제나 늘 몰입하며 살 수는 없다. 자기 삶의 중심이 잡힌 사람은 상대적으로 자신에게 몰입하는 시간이 더 긴 것뿐이다.

이 책의 목적은 많은 사람이 타인보다 나 자신에게 더 몰입해서 남과 비교하지 않고도 행복한 삶을 살아가도록 돕는 것이다. 심리학 관련 책들은 크게 이론에 초점을 맞춰 인간의 마음과 행동을 설명한 이론서와, 일상생활에 바로 적용할 수 있는 심리 기술과 방법에 초점을 맞춘 실천서로 나뉜다. 이 책은 후자에 더 가깝게 구성하고자 했다.

이 책은 크게 네 개의 장으로 구성돼 있다. 1장에서는 오직 나에게 몰입하는 시간이 중요한 이유를 알아보고 몰입이 필요한 상황을 살펴볼 것이다.

2장에서는 여러 가지 부정적인 감정에 짓눌려 몰입하기 어려운 상황, 현재 삶에 몰입하지 못하고 힘들어하는 상황을 살펴보고 어떻게 하면 나를 방해하는 감정들에서 벗어날 수 있는지 안내했다.

3장에서는 자신의 삶에 몰입하는 사람들의 공통적인 심리적 특징을 소개한다. 선천적으로 타고나는 면과 후천적으로 형성될 수 있는 면들로 나눠 살폈다.

마지막 4장에서는 현재 자신의 삶에서 선택할 수 있는 것, 받아들여야 하는 것이 뭔지 살펴보고, 원하는 순간마다 몰입하며 살 수 있는 구체적인 방법과 그 효과를 설명했다.

오직 나에게 몰입하고
꿈을 이루어라

나는 스스로에게 몰입하는 데 어려움을 겪고 있는 사람들에게 몰입하지 못하는 것이 꼭 당신의 잘못만이 아니라고 말해 주고 싶다. 스마트폰을 단순히 전화기나 시계로 사용하는 것도 좋지만, 삶을 편리하게 만들어 주는 수많은 기능을 사용하고 싶다면 기기를 공부해야 한다. 마찬가지로 나의 몸과 마음을 공부하면 할수록 몰랐던 부분을 깨닫고 다채롭고 충만한 삶을 살 수 있다. 이렇듯 인생을 잘 살기 위해서는 스스로에 대한 공부가 필요하다.

공부 중 일부는 머리로 배울 수 있는 것이 있고 몸으로 배울 수 있는 것이 있다. 자전거 타는 방법을 책만 읽어서는 익히기가 어렵다. 마찬가지로 나에게 몰입하는 방법 역시 이론을 공부하는 것만으로는 한계가 있다. 그렇기 때문에 이 책으로 몰입의 이론과 구체적인 실천 방법까지 모두 전달하고자 한다.

이 책을 통해 당신이 가진 다양한 재능을 발견하고 자신의 삶에 몰입하며 살아갈 수 있기를 바란다. 이미 스스로에게 몰입을 잘했던 사람이라면 자신이 자라 온 훌륭한 환경을 돌아볼 수 있는 기회가 되기를 바란다. 먼저 머리로 알지 못하면 어느 것도 알 수 없다. 나에게 몰입하며 살기 위해 머리로 배우고 몸으로 실천하다 보면 당신의 인생은 점점 더 성숙해지며 과거보다 나아질 것이다.

임상심리전문가·한국몰입연구소 소장

한근영

목차

✦ 2장 ✦

부정적인 감정은 어떻게 차단하는가?
몰입을 방해하는 감정 들여다보기

✦ 3장 ✦

남과 비교하지 않고 나에게 집중하는 방법

몰입하기 좋은 환경 만들기

✦ 4장 ✦

오직 나를 위한 시간이 나를 성장시킨다

몰입이 가져다주는 삶의 긍정적 변화들

1장

✦ ✦ ✦

왜 나는 남보다
못난 것처럼 느껴지는가?

오직 나에게 몰입하는 시간의 필요성

몰입하는 시간은
왜 필요한가?

인생은 어떤 식으로 살라고
누가 정해 놓은 규칙이 있는 게 아니다.
중요한 것은 나에게 맞는 삶의 방식을 찾아내는 일이다.

미하이 칙센트미하이

몰입은 한 가지 과제에 완전히 몰두하는 것을 의미한다. 단순한 집중과는 다르다. 헝가리 태생의 미국 심리학자 미하이 칙센트미하이는 몰입을 심리학적인 개념으로 정의하고 본격적으로 연구하기 시작했다. 그 결과 심리학 발전에 지대한 영향을 미쳤다. 그는 몰입했을 때의 느낌을 '물 흐르는 것처럼 편안한 느낌', '하늘을 날아가는 자유로운 느낌'이라고 설명했다.

국내에서는 '플로우'라고 원문 그대로 읽기도 하고, '몰입'으로 번

역해서 부르는 이 정신 현상은 주위의 모든 잡념과 방해물이 미치는 부정적인 영향력을 차단하고 자신이 마음먹은 대로 원하는 과제에 모든 정신을 쏟는 상태를 말한다. 누구든지 일단 몰입하게 되면 수행하는 과제를 온전히 즐길 수 있게 된다. 자신의 행동을 스스로 통제할 수 있다는 믿음이 생기고, 시간 가는 줄 모르는 놀라운 느낌을 경험한다. 겨우 몇 분 정도 지났다고 생각했는데 몇 시간이 훌쩍 지나 버린 경험이 몰입에서 비롯된 것이다.

몰입을 절정 경험, 또는 최적 경험이라고 부르기도 한다. 몰입의 시간 뒤에는 한층 더 충만해진 느낌과 성장한 느낌을 받기 때문이다. 이것이 게임이나 도박 같은 중독적인 과몰입 상태와 건강한 몰입의 가장 큰 차이다. 흔히 말하는 '물아일체(物我一體)'처럼 나와 외부 대상이 하나가 된 듯한 감각이 동반되기도 한다. 이 순간에는 평소에는 할 수 없었던 과제들을 거뜬히 해내기도 한다.

왜 몰입하지 못할까?

몰입은 타고나는 지적인 능력이나 주의 집중력의 영향을 받기도 하지만 반드시 집중력이 좋다고 해서 몰입을 잘하는 것은 아니다. 가정 환경이나 목표를 설정하는 능력, 행동의 결과를 해석하는 방법에 따라서 몰입을 더 잘할 수도 있고 잘하지 못하게 될 수도 있다.

사람들은 몰입을 달리 표현하여 행복이라고 부르기도 한다. 몰입이 곧 행복은 아니고 행복이 곧 몰입은 아니지만 행복을 구성하는 요소 중 한 부분인 것은 분명한 것 같다.

몰입이라는 단어에 처음 빠지게 된 날이 아직도 생생하게 기억난다. 나는 대학원에 다니던 시절, 칙센트미하이의 책을 읽고 몰입이라는 정신 현상에 관심을 갖게 됐다. 이후 임상심리전문가로 일을 시작하고 주의 집중력은 탁월하지만 공부에 집중하지 못하는 아이들과 만나면서 다시금 몰입에 주목하게 됐다.

학생이든 직장인이든 '집중력이 예전만 하지 못해요', '업무에 집중하기가 어려워요'라고 말하는 사람이 많았다. 이들의 이야기를 들어보면 대개는 진심으로 원하지 않는 일을 하면서 몰입하기를 바라거나, 결과에 과도하게 집착하면서 잘하지 못하면 어쩌나 하는 두려움이 컸다.

너무 큰 목표를 잡고 단기간에 욕심을 내도 몰입하기 어렵고 신체적으로 과도하게 무리해도 몰입하기가 어렵다. 그러면 몰입하기 위해서 갖춰야 할 조건들만 갖추면 사람들이 보다 쉽게 몰입할 수 있지 않을까? 그리하여 나는 몰입이라는 정신 현상을 인생에 적용할 수 있는 여러 가지 심리 기술을 살펴보기에 이르렀다.

몰입을 위한 조언

- 나에게 몰입하는 시간은 자유롭고 만족스러운 인생을 살기 위해 꼭 필요하다.

시험 문제를 풀듯
인생이 풀리려면

할 수 있다고 생각하면 할 수 있다.
할 수 없다고 생각하면 할 수 없다.

헨리 포드

"선생님, 집중이 안 돼요."

"특히 언제 그러니?"

"수학 문제집을 풀 때 그래요."

"수학 문제집을 보면 무슨 생각, 어떤 감정이 드니?"

"문제집을 들여다보고 있으면 그 수학 문제집이 '넌 이런 문제도 못 푸는 주제에 수능은 볼 수 있겠냐? 이 무능한 놈아'라고 말하는 것 같아요."

(몇 달간의 상담 후)

"선생님, 이유는 잘 모르겠는데 어느 순간부터 그냥 문제가 신들린 듯이 풀려요!"

실제로 한 내담자가 상담 도중 상담자에게 말한 내용의 일부다. 살면서 마주하게 되는 인생의 여러 난제가 이렇게 신들린 듯이 풀린다면 얼마나 좋을까? 막힘없는 인생을 사는 것처럼 보이는 사람들이 있다. 음식을 아주 잘하는 셰프를 보면 그의 레시피를 한 번쯤 따라 해 보고 싶어진다. 주식 투자 열풍이 불 때는 주식 부자들이 어떻게 종잣돈을 모아서 어떤 종목에 투자해 돈을 불렸는지 그 비법이 궁금하다. 이처럼 세상에 넘쳐 나는 타인의 성공담을 보면 '나도 저렇게 되고 싶다'는 마음이 들기 마련이다.

신들린 듯이 인생의 문제가 풀리는 현상

신들린 듯이 주어진 인생의 과제를 풀어 나가는 사람들의 비밀은

뭘까? '신들린 듯한' 정신 현상 또한 몰입이다.

몰입은 사회 환경적인 요소들이 큰 영향을 미치는 것으로 알려져 있다. 다른 나라와의 전쟁 혹은 내전처럼 혼란한 사회 환경, 대공황 같은 경제적 위기, 코로나19 바이러스 같은 세계적 전염병으로 인한 여러 고통스러운 상황 말이다. 특히 우리나라는 경쟁적인 입시 구조를 비롯해 차별적인 환경, 심한 빈부 격차, 그로 인해 느끼는 상대적인 박탈감도 몰입을 방해하는 사회 환경적인 요소라고 할 수 있다.

그렇다면 사회 환경만 안정적이면 사람들은 자동적으로 스스로에게 몰입하게 될까? 아쉽게도 꼭 그렇지는 않다. 비록 사회는 평온할지라도 개개인의 상황은 혼란스러울 수 있다. 사회의 환경과 개인의 상황은 별개의 문제다.

가정 내 분위기가 지나치게 강압적이고 통제적인 경우, 또는 몰입하는 일에 가치를 두지 않는 경우, 과정보다 결과에 지나치게 초점을 맞추는 경우처럼 몰입을 저해하는 개인적인 환경 요소도 헤아릴 수 없이 많다.

더불어 선천적인 차이도 있다. 몰입에 중요한 영향을 미치는 적정 수준의 지능과 주의 집중력을 갖고 태어난 사람들은 그렇지 못한 사람들에 비해서 더 잘 몰입할 수 있는 여건을 갖춘 셈이다. 물론 지능이나 주의 집중력이 낮다고 해서 절대 몰입할 수 없는 것은 아니지만 상대적으로 더 불리하다. 외부 자극에 쉬이 주의가 흐트러지거나 새로운 자극과 환경을 받아들이는 데 오랜 시간이 걸리면 몰입하는 일에 어려움을 겪는다.

몰입은 의식적인 노력이 반드시 필요하다

이렇듯 전쟁과 경제 위기, 대규모 질병 같은 위기가 없는 사회, 비강압적이고 안정적인 가정 환경, 적정 수준의 지능과 주의 집중력을 갖추고 태어나면 자동적으로 나에게 몰입하는 사람이 되는 걸까? 아무래도 그렇지 않은 사람들보다는 더 몰입하면서 살아갈 여건이 갖춰졌다고 볼 수 있다.

그러나 배추와 고춧가루, 소금과 파가 있다고 해서 저절로 김치가 만들어지지는 않듯이 몰입을 위해서는 뭔가 다른 것들이 더 필요하다. 예를 들어 몰입하기 이전과 이후에 충분한 휴식이 필요하다. 또한 도전하려는 동기, 그 동기를 유발할 만큼의 흥미, 실패를 대하는 태도 등도 필요하다.

앞서 수학 문제를 풀면서 전혀 집중할 수 없던 사람이 갑자기 신들린 듯이 문제를 푸는 경험을 이야기했다. 이는 그 사람의 안에서 뭔가 변화가 생긴 것이다. 사회 환경이나 가정 환경은 바뀌지 않았을지라도 과제를 대하는 개인의 마음가짐이 변하면 자연스럽게 경험도 하나씩 변화한다.

소문난 맛집의 레시피나 달인들의 비법을 알면 나도 맛있는 음식을 만들 수 있는 가능성이 생긴다. 그렇다면 몰입을 잘하는 사람의 방법을 들여다보면 나도 몰입을 잘하는 사람이 될 수 있지 않을까? 우선 다른 사람들의 방법을 살펴보도록 하자. 그러고 나서 나만의 방법을 찾아낸다면 보다 진정한 나의 삶을 살아갈 수 있을 것이다.

몰입을 위한 조언

- 몰입을 못하는 게 꼭 당신의 잘못만은 아니다.
- 몰입을 잘하려면 타고난 환경뿐만 아니라 집중하려는 의도와 동기, 목표, 휴식 등의 여러 조건이 필요하다.
- 다른 사람을 보고 배우는 건 선택, 자기만의 삶을 사는 것은 필수다.

혼자가 된 나를 대하는
방식을 바꿔라

인간의 모든 고통은
혼자 방에 머물 줄 모르는 데서 온다.

블레즈 파스칼

긴긴 인류의 역사를 통틀어 볼 때 사람의 생각과 의식은 비교적 최근에 장착된 신상품이다. 지적 능력의 결정체인 음성 언어와 문자 언어가 발명된 시기만 가늠해 봐도 수백만 년에 걸쳐 진화한 인간의 역사에서는 매우 최근에 발생한 사건이기 때문이다.

문화 인류학자들의 연구 결과들을 살펴보면 인간의 뇌의 크기는 모여 살기 이전보다 모여 살기 시작한 후가 현저하게 크다고 한다. 다른 사람들과 함께 살면서 처리해야 할 정보의 양도 그만큼 많아졌을 것이다. 우선 무리를 지어 살게 되면 다른 사람의 눈치를 살펴야 한다. 그래야 무리에 끼어 함께 살 수 있기 때문이다. 모여 사는 일이 자기 맘대로 하지 못하고 눈치를 살피는 다소 번거로운 과정임에도 불구하고 인간은 생존하기 위해 무리를 짓는다. 동물을 사냥하든 농사를 짓든 혼자보다는 여럿이 함께하는 게 생존에 디 유리했기 때문이다.

이렇게 집단을 이루게 되면 그 안에서 서열과 역할이 정해진다. 집단에 속한 '나'라는 존재는 혼자 있을 때보다 더 많은 역할을 하게 된다. 그러다 보면 집단 내에서의 자신이 어떤 존재인지 정체감이 새롭게 형성된다. 다른 사람들과 더불어 지내는 사회 환경 속에서의 내 모습이 자연스럽게 정리되는 것이다.

'나'라는 존재는 환경에 의해 영향을 받는 것이 당연하다. 오히려 환경과는 무관하게 단일하고 온전한 개인으로 존재하기는 불가능하다. 내가 남들보다 우위에 서 있다고 여기든 열등하다고 여기든 끊임없이 타인과 나를 비교하게 된다. 그 과정에서 나의 단점을 극복해 더 나은 상태로 나아갈 수도 있고 자책하며 자기 파괴적인 선택을 할 수도 있다. 어쨌든 주변의 인물들과 나는 영향을 주고받을 수밖에 없다.

홀로 있는 시간이
많은 시대

그러나 산업화를 거쳐 현대로 접어들면서 인간은 과거와는 다른 경험을 하게 된다. 더없이 혼자 보내는 시간이 많아진 것이다. 수렵, 목축 사회부터 농업, 산업화 사회에서는 여럿이 협력해야만 살아남을 수 있었지만 이제는 마음만 먹으면 혼자서도 살아갈 수 있는 시대를 맞이한 것이다.

이렇게 급격한 사회의 변화에 따라 사람들의 생활 방식도 빠르게 바뀌고 있다. 지금 우리의 삶이 어떤가? 태어나서 일정한 나이가 되면 학교를 다니면서 친구들과 어울리지만 그 관계를 평생 동안 유지할 필요도 없고 유지하기도 어렵다. 직장인이 돼서도 마찬가지다. 이제는 평생직장의 개념도 없어지고 같은 곳에서 평생토록 살 필요도 없어졌다.

공동체와 교류하는 모습이 과거와 판이하게 달라졌다. 경우에 따라서 가족과의 단절도 심심찮게 벌어진다. 학교에 진학하고 직장을 다니면서 사람들과 물리적으로 가까워질 수는 있을지언정 심리적이고 정서적으로 가까워지기는 쉽지 않다. 과거에는 싫든 좋든 관계를 지속적으로 유지해야 할 사람들이 있었고 그들을 통해 자신의 위치나 상태를 알 수 있었다. 그러나 지금은 부모와 자식 사이라도 마음이 멀어지면 더 이상 만나지 않는 경우도 많다. 학교에서 직장에서 가정에서 여러 가지 현실적인 이유로 관계를 지속하지 않고 혼자 지내는 시간이 많아진 것이다.

과거 원시 시대에는 모닥불을 피워 놓고 동료들과 함께 추위와 들 짐승의 위협을 견뎠다. 낮에 사냥하다가 상대방에게 화가 났어도 사냥이 끝난 저녁, 들짐승을 피해 모인 불길 앞에서는 함께 밤을 견디기 위해 화를 참아야 했을 테다. 물론 참지 않는 사람도 있었겠지만 그렇다면 오래 살아남기는 쉽지 않았을 것이다.

하지만 지금은 트위터, 페이스북, 인스타그램, 카카오톡 같은 SNS나 넷플릭스, 유튜브 같은 동영상 스트리밍 서비스로 인해 사람들은 더 이상 TV 앞에 옹기종기 모일 필요가 없어졌다. 과거에는 혼자 사는 일이 거의 불가능했다면 이제는 마음만 먹으면 혼자 살아가는 일이 가능해졌다. 굳이 바깥에 나가지 않아도 식음료 배달이 가능하고 재택근무와 온라인 근무로 직업 생활도 가능하다.

그러다 보니 이제는 다른 사람들과의 관계에서 내가 어떤 사람인지를 굳이 탐색할 필요도 적어졌고, 싫은 사람을 끝내 참아야 할 필요도 과거보다는 적어졌다. 과거에는 싫어도 어쩔 수 없이 나의 생존을 위해 사람들과 어울리고, 보기 싫어도 봐야 하는 관계가 있었다면 지금은 과거에 비해 그럴 필요가 줄어든 것이다. 사소해 보이지만 이 차이는 생각보다 사람들의 삶에 큰 영향을 미친다.

몰입을 위한 조언

- 홀로 있는 시간이 많아진 시대가 된 이상 일, 관계, 삶을 대하는 방식도 달라져야 한다.

남이 아닌 나를 들여다보는
시간을 늘려라

행복이란
우리가 시간을 들여 열중하는 모든 것이다.

알베르 까뮈

결국 여러 가지 이유로 홀로 지내는 시간이 늘어나면서 단기적으로 보기 싫은 사람들과는 보지 않고 지낼 수 있게 됐다. 그러나 장기적으로 보면 자신에게 좋은 영향을 주는 사람들과의 관계까지 단절되고 말았다. 그러다 보니 다른 사람들과 함께 있을 때 나의 온전한 생각이나 감정들을 정리하기가 쉽지 않게 돼 버렸다.

내가 어떤 사람인지 알기 위한 가장 좋은 방법은 사람들과 섞이는 것이다. 《걸리버 여행기》의 걸리버가 소인국에 가면 거인이 되고 거인국에 가면 소인이 되는 것처럼 사람은 혼자 있을 때와 주변 사람들과 함께 있을 때 달라지는 부분이 있다.

물론 사람들과 섞이고 집단을 이룬다고 해서 그들이 나를 전부 설명할 수 있게 된다는 의미는 아니다. 사람들과 함께 있든 혼자 있든 중요한 것은 스스로를 돌아봐야 한다는 것이다. 사람들 사이에서 나는 어떤 존재인지, 또 사람들 안에서 내가 원하는 것은 무엇인지 끊임없이 찾고 살펴야 한다. 그렇지 않으면 사람들의 욕구와 기대에 휘둘려 '나'를 잃게 된다. 따라서 온전한 나를 찾기 위해서는 타인을 완전히 멀리해서도 안 되고 사람들 사이에 섞여서 자신을 잃어서도 안 된다.

홀로 있는 시간이 많든, 다른 사람들과 함께하는 시간이 많든, 사회적으로 그것이 좋다고 여겨지든, 그렇지 않든 가장 중요한 것은 이런 생활 패턴이 나에게 맞는지를 확인하는 것이다. 어떤 사람은 혼자 있는 시간이 못 견디게 힘들 수도 있다. 또 어떤 사람은 많은 사람과 함께 있는 시간이 못 견디게 힘들 수도 있다. 이처럼 사람마다 힘들어하는 부분이 다르고 이에 대처하는 방식도 다르다. 그러므로 나에게 맞는 생활 패턴과 인간관계의 방식을 찾아 나가는 과정이 필요하다.

하루 동안 나를 가장 많이
찾아온 감정은?

독립적으로 살아가든 사람들과 소통하며 살아가든 만약 당신이 선택한 행동이 불편한 무엇인가로부터 회피하기 위한 것이라면 지금까지와는 조금 다르게 살아 보기를 권하고 싶다. 사람들 사이에 있을 땐 회피하는 마음을 알아차리기가 어렵다.

또 회피가 익숙한 사람이라면 그 불편한 감정을 경험하지 않기 위해 사건이 벌어지기도 전에 멀리멀리 피해 버린다. 그러고 나서 그런 감정을 자신이 회피했다는 사실조차도 깨닫지 못한다. 어쩌다 자신이 회피하는 감정들과 마주하게 되면 마치 불에 데인 것처럼 고통스러워하며 외면한다. 그 불이 진짜 불인지, 종이에 그린 가짜 불인지 제대로 확인해 보지 않은 채로 말이다.

자기 자신을 잘 돌아보기 위해서 순간순간 떠오르는 감정들을 잘 살펴보길 바란다. 혼자 보내는 시간 중 일부는 반드시 하루 동안 자신을 가장 많이 찾아온 감정이 무엇인지 들여다보길 바란다. 그 감정이 기쁨인지, 행복인지, 두려움인지, 우울함인지, 슬픔인지, 공포인지는 사람마다 다르고 매일매일이 다를 것이다.

하나의 감정만 느끼는 경우도 있을 것이다. 그럼 그 단조로운 감정은 무엇인지, 내가 정말 그 감정만 느끼는지 생각해 보자. 혹시 무엇으로부터 회피하기 위해 그 감정만 선택하고 있는 것은 아닐까?

감정을 알아야
인생의 방향을 정한다

감정을 들여다본다는 말이 무엇인지 감조차 오지 않을 수도 있다. 이런 사람들은 천성적으로 감정적인 자극에 둔감한 것일 수도 있고, 성장 과정에서 자신의 감정을 읽어 주거나 공감해 주는 중요한 존재가 없었기 때문일 수도 있다. 어느 쪽이든 감정을 들여다보는 연습이 되지 않은 것이 당신의 잘못은 아니다. 하지만 안타깝게도 그로 인한 어려움은 고스란히 스스로가 감당해야 한다.

긍정적인 감정이든 부정적인 감정이든 피하지 말고 차분히 들여다보자. 감정은 고통스러울 수 있지만 그 자체로는 사람을 해치지 못한다. 그저 들여다보자. 옛날 뱃사람들은 어두운 바다 한가운데에서 북극성을 보고 가야 할 방향을 찾았다. 우리 인생의 북극성은 감정이다. 북극성으로 현재 위치를 가늠하고 방향을 잡는 것처럼 우리도 자신이 느끼는 감정을 통해 마주하는 사건들을 회피할지, 더 나은 미래로 나아갈지를 결정할 수 있다.

몰입을 위한 조언

- 타인은 때로 나를 비춰 주는 거울이 된다. 그러나 나의 감정은 인생의 방향을 안내하는 내비게이션이 되므로 더욱 중요하다.

부자가 되는 것보다
행복해지는 게 더 빠르다

행복은 축복의 횟수가 아니라
행복을 대하는 우리의 태도일 뿐이다.

알렉산더 솔제니친

인생을 여행에 비유한다면 최종적인 목적지는 어디일까? 사람마다 다르게 정의하겠지만 궁극적으로는 아마 '행복한 상태'가 아닐까? 그렇다면 행복이란 과연 무엇일까? 그런 게 있기는 한 걸까?

행복했던 기억을 떠올려 보자. 얼마나 떠오르는가? 과거에 행복했던 사람들은 그렇지 못한 사람들보다 더 행복하게 살 수 있는 연습과 준비가 돼 있는 것 같다. 심리학자들의 연구에 따르면 개인의 지속적인 행복 중 절반 정도는 안타깝게도 유전으로 결정된다고 한다. 예를 들면 타고나는 성격 경향의 일부인 성실성이나 외향성이 행복해지는 데 큰 영향을 미치는 것이다.

이런 면에서 보면 인생이 참 불공평해 보인다. 인생의 불공평함은 심리적, 정서적으로 타고난 것들, 또는 부모가 아주 돈이 많은지 가난한지에 따라서도 나타난다. 그러나 다행스럽게도 긍정 심리학의 창시자 중 한 명인 크리스토퍼 피터슨과 연구진들의 연구에 따르면, 사회 계층이나 수입의 정도가 행복에 직접적으로 공헌하는 바는 제한적이다. 돈이 많고 지위가 높다고 반드시 행복하다고 할 수는 없는 것이다.

낮은 상관	중간 정도의 상관	높은 상관
나이	결혼	
성별	종교	직업 만족도
교육 수준	여가 활동	낙관성
사회 계층	친구의 수	자존감
소득	신체적 건강	성적 활동의 빈도
자녀 유무	성실성	긍정적 감정 경험의 빈도
인종	외향성	행복 척도의 검사-재검사 신뢰도
지능 수준	정서적 안정성	감사 경험
외모	내적 통제 소재	

행복과 긍정적인 상관을 나타내는 요인들(Peterson, 2006)

강의나 상담 도중 사람들에게 행복의 조건을 물어보면 종종 '건물주'나 '돈 많은 백수'가 되는 것이라고 답하는 경우가 많다. 또한 청소년과 대학생들에게 행복을 방해하는 요소를 물어보면 학업이나 어려운 인간관계라고 이야기하는 경우가 흔하다. 많은 사람이 자신에게 당면한 과제들이 해결되면 막연하게 행복이 찾아온다고 여기는 것 같다.

그렇지만 인생은 전력을 기울여야 하는 도전의 연속이다. 대학을 가든 취업을 하든 건물주가 되든, 하나의 관문을 통과하면 그다음 관문이 눈앞에 나타난다. 실제로 오랜 준비 기간을 거쳐 취업에 성공한 사람 중에는 자신이 머릿속에 그리던 직장 생활과 실제 직장 생활 간의 차이가 커서 괴로워하거나 그동안 들인 시간과 노력에 비해 결과가 만족스럽지 못해 결핍감을 느끼는 경우가 많다.

기준이 획일화된 행복은 행복이 아니다

사람은 살면서 물질적인, 사회적인 혹은 직업적인 목표를 달성하기도 하고 그렇지 못한 경우에 처하기도 한다. 그런데 이런 외적인 조건만으로 행복이 결정되는 것 같지는 않다. 스스로 선택했다고 해서 결과가 만족스럽기만 할까? 오랜 기간 준비해서 대기업에 입사하고 공무원 시험에 합격해도 막상 급여 수준이 기대보다 낮고, 업무가 자신의 생각과 너무 달라서 결국 직장을 그만두는 경우도 비일비재하다.

또 직장 내 인간관계 때문에 퇴사하는 경우도 많은데, 이런 이야기를 들으면 '그 어려운 시험을 통과했는데 그깟 대인 관계가 대수야?'라고 생각할 수도 있다. 하지만 업무보다도 조직에서의 관계에 적응하지 못해 어려워하는 경우가 아주 많다.

이 모든 상황은 대학교에 합격만 하면, 취직만 하면 행복해질 거라는 믿음으로 생긴다. 안타깝게도 외적인 조건이 곧 행복을 느끼게 하는 원천이라고 여기는 것부터가 오류의 시작점이다.

내가 원하는 대로 된다고 해서 그게 꼭 좋거나 행복한 것도 아니고 반대로 내가 원하는 게 이루어지지 않는다고 해서 그게 꼭 나쁘거나 불행한 일도 아니다. 누구는 행복으로 여기는 일을 누구는 행복으로 느끼지 못한다. 당연히 그 역시도 나름의 이유가 있다.

인생에는 정답이 없고 선택에는 책임이 따른다. 100명이 있으면 100가지의 인생이 있듯이, 각자만의 행복이 존재해야 한다. 그런데 지금 사회를 보면 행복의 기준이 너무나 획일화돼 있다. 그러니 사회적으로 정해진 기준에 도달할 수 없는 사람들은 스스로를 불행하다고 여긴다. 심지어 자신만이 가진 장점이나 귀한 자원을 알아차리지 못한 채 남들이 이루고 가진 것을 부러워만 한다. 나의 단점과 남의 장점을 비교하니 거의 언제나 불행한 것이다.

흔히 부자가 되면 행복하다고들 한다. 그런데 일반적으로 평범한 사람이 아무리 노력해도 세계적인 갑부가 될 확률은 매우 낮다. 물론 불가능한 것은 아니고 확률이 낮을 뿐이다. 한정된 재화를 갖기 위해 치열하게 경쟁해야 하고 적정 수준의 운도 따라 줘야 한다.

사실 행복해지기 위해서 반드시 갑부가 될 필요는 없다. 확률상으로는 갑부가 되는 것보다 행복한 사람이 되는 게 더 쉬울 수도 있다. 내가 어떤 사람인지, 나한테 걸맞은 삶이 무엇인지를 알고 노력의 방향을 그에 맞는 쪽으로 바꾼다면 부자가 아니어도 만족하면서 살 수 있지 않을까?

행복으로 가는 길은 남과 비교해서 찾을 것이 아니다. 나라는 존재와 내가 바라는 삶이 무엇인지를 알아야 한다. 더 정확히 말하면 행복이란 내가 어떤 사람이고 어떻게 살아가고 싶은지를 명확하게 깨닫는 데서 비롯된다. 내가 어떤 존재인지 잘 모르겠고 어떤 삶을 살고 싶은지도 잘 모르겠다면 '저 사람처럼 살고 싶다'는 마음을 떠올려 보자. 또는 '저런 인생은 살지 말아야지'라는 생각에서 스스로 변하고 싶은 부분부터 찾아보기를 바란다.

몰입을 위한 조언

- 타고나는 성격이 생각보다 행복에 많은 영향을 미친다. 그러나 결국 가장 큰 영향을 미치는 것은 개인의 선택이다.

즐거움, 의미, 열정 중
결핍된 것을 찾아라

사람이 여행하는 것은
도착하기 위해서가 아니라
여행하기 위해서다.

괴테

긍정 심리학의 창시자 마틴 셀리그만은 행복한 삶을 정의하면서
세 가지 삶의 방식을 제안했다. 즐거운 삶, 의미 있는 삶, 적극적으
로 참여하는 삶이다.

즐거운 삶이란 긍정적 정서에서 행복을 얻는 삶이다. 과거의 만족
이나 성취, 자부심 그리고 현재의 즉각적인 즐거움에서 나오는 유쾌
함이나 희열감, 미래의 희망과 믿음, 확신을 포함한다.

의미 있는 삶이란 자기보다 더 크고 중요한 것을 위해 기여하는

삶이다. 자기실현적 입장에 근거해 개인의 행위와 삶에 소중한 의미와 가치를 부여하고 봉사와 헌신을 통해 타인과 사회에 기여하는 삶이다.

마지막으로 적극적으로 참여하는 삶이란 어떤 일에든 적극적으로 참여하고 몰입하며 열정적으로 살아 낼 때 행복을 느끼는 삶이다. 자신의 재능을 개발하고, 강점을 추구하며, 일을 포함한 일상생활에서 몰입하는 시간이 절정에 달하는 삶이다.

지금까지 살아온 삶을 되돌아보면서 생각해 보자. 나의 삶은 얼마나 즐거운가? 또 얼마나 만족스러운가? 내 삶이 즐겁지 않고 행복하지 못하다면 앞서 제시한 세 가지 삶 중에서 나에게 가장 크게 결핍된 요소를 찾아야 한다.

행복은 우연일까 만들어 내는 것일까?

자연 과학은 사회 과학이나 인문 과학에 비해서 인과 관계가 명확하다. 또한 어떤 현상에 정의를 내리고 합의하는 과정을 거치면 패러다임이 변하기 전까지는 그 틀이 유지되기 마련이다.

심리학에서도 그 나름대로의 정의를 내리고 그에 걸맞은 사회적 합의를 구하는 과정이 필요하다. 학자마다 '조작적 정의'를 내리고 연구를 하고 의사소통을 한다.

'행복'을 정의할 때도 마찬가지다. 행복의 사전적 정의는 '복된 좋은 운수', '생활에서 충분한 만족과 기쁨을 느끼어 흐뭇하거나 또는 그러한 상태'다. 영어권에서는 '해피(Happy)'라고 부르는데 이 단어의 어원은 'Happ(행운, 떨어지다)'라는 말에서 파생된 것으로 행복은 우연히 발생하는 요소들이 많다는 의미이다.

그런데 행복이라는 우연은 로또와는 다르다. 로또에 당첨될 확률은 대략 820만 분의 1 정도로 매우 낮다. 이렇게 낮은 확률인데도 누군가는 당첨된다. 이를 보고 우연히 발생되는 사건을 자신이 통제할 수 있다고 믿는다면 그때부터 불행이 시작될 수도 있다.

가난해서, 아파서, 외모가 마음에 안 들어서, 집안 환경이 좋지 않아서 등의 이유로 삶이 너무나 고통스러울 수 있다. 자기 자신이 불행하다고 여기기 시작하면 그 이유는 헤아릴 수 없이 많아진다. 그렇다고 해서 부정적인 상황들을 모두 무시하고 '너라면 할 수 있어'라고 말하고 싶은 것은 아니다.

그럼 어떻게 하면 행복해질 수 있을까? 과거에는 복권에 당첨되면, 자신이 원하던 것을 얻으면 등등 여러 가지 외적인 조건이 변화할 때 당연히 사람의 마음도 따라서 변한다고 믿었다. 어느 정도는 맞는 말이지만 꼭 외적인 조건이 변화한다고 반드시 내적인 조건이 변화되는 것은 아니다. 행복, 만족감, 몰입은 끊임없이 변화한다. 매우 빠른 속도로 우리를 스쳐 지나간다.

몰입을 위한 조언

- 행복한 삶의 세 가지 방식: 즐거운 삶, 의미 있는 삶, 참여하는 삶.

단기 목표와
평생 추구할 가치를 구분하라

행복은 목적지가 아니다.
행복은 잘 살고 있는 삶의 부산물이다.

엘르노어 루즈벨트

그럼 불행한 사람이 갑작스럽게 행복해진다거나, 행복한 사람이 한두 번의 사건으로 불행해질 수도 있을까? 그러기 쉽지는 않은 듯하다. 아리스토텔레스를 비롯한 일부 철학자는 행복을 '지고의 선'으로 여기며 다른 모든 것이 그에 따르는 최상의 목적으로 봤다. 한번 생각해 보자. 철학자들이 저 말을 했을 당시에는 아마 소수의 귀족층, 소위 배운 사람들만이 그 뜻을 이해할 수 있었을 것이다.

그러다 산업화 사회로 진입하면서 사람들의 교육 수준이 높아지고 상대적으로 먹고살기가 수월해지자 평범하고 사회적 지위가 낮은 사람들도 행복을 고민하기 시작했다. 하루 벌어 하루 먹고사는 생활에서 벗어나 자신의 인생을 돌아볼 수 있는 여유가 생기자 나의 행복을 남들과 비교하게 되고 필연적으로 불만족감도 늘어났을 것이다.

만약 오늘 밤 맹수에게 잡아먹힐 수도 있는 상황이나 외적의 침입에 목숨을 위협당하는 극한의 위기 상황에 처했다면 사람은 행복 추구보다 생명 유지에 초점을 맞출 것이다.

우리 나라도 후자에 초점을 맞추던 때가 있었다. 1970년 전후까지 한국전쟁의 후유증으로 고통받았고 보릿고개를 겪었다. 현재에는 과거에 비해 그 수가 현저히 줄긴 했지만 사회 안전망에서 벗어나 굶어 죽는 사람들이 여전히 존재한다.

행복은 강도가 아니라 빈도다

그렇다면 전쟁, 기아에서 자유롭지 못했던 과거에 비해 상대적으로 안전한 현 시대 사람들이 생각하는 행복은 무엇일까? 행복하기 위한 기준이 있을까? 기준이라는 것은 정해져 있는 도달선이다. 행복의 도달선을 통과하면 만족감과 같은 긍정적 정서를 느끼게 된다. 하지만 여러 가지 이유로 기준에 도달하지 못하면 패배감을 느끼게 된다. 남들이 하는 취직, 남들이 하는 연애와 결혼, 남들이 가진 자동차처럼 '이 정도 연령이면 이러이러해야 한다'는 기준들에 도달하지 못했을 뿐인데 불행감을 느끼는 것이다.

그렇다면 기준과 목표에 도달하면 정말 행복하기만 할까? 그렇다면 그 행복은 얼마나 오래갈까? 과연 오래가는 행복이라는 게 있을까? 행복을 연구하는 사람들이 행복에 대해서 공통적으로 이야기하는 것이 있다. 심리학자 에드 디너가 말했듯 행복은 강도(Intensity)가 아니라 빈도(Frequency)이며, 일본의 유명한 작가 무라카미 하루키가 말한 일상생활에서의 '소확행'처럼 소소하지만 확실한 행복을 자주 느끼는 것이 중요하다는 뜻이다.

어떤 목표에 도달하는 과정에서 느끼는 여러 가지 감정도 행복의 한 부분이고, 거기에 도달한 이후에 느끼는 희열 또한 행복의 한 부분이다. 그러나 무조건적인 기준과 정형화된 목표들은 달성되는 순간 그 상태가 자연스럽게 '기본 값'이 돼 버린다. 당연한 상태로 여기게 되는 것이다.

'대학에 붙으면'

'저 직장에 들어가면'

'통장 잔고가 얼마가 되면'

간절히 원하던 취업을 하고 보니 내 회사가 남들이 다니는 곳보다 덜 좋아 보인다. 한때 나보다 뒤처진 것처럼 보였던 친구들이 지금은 나보다 성과도 좋고 진급도 빠르다. 남의 회사의 여건과 복지가 더 좋아 보인다. 이처럼 남들보다 뒤처지는 것 같고 나만 현재의 자리에 머무르며 성장하지 못하는 듯한 느낌을 받을 수 있다.

평생 갈
행복을 추구하라

직장에서는 개인의 성장을 보장해 주지 않는다. 회사는 이윤을 추구하는 곳이기 때문이다. 그저 취업에 성공하고 그 회사를 다닌다고 해서 자연적으로 자신이 성장하기를 바란다면 성장과 세상을 너무 얕잡아 보고 있는 것은 아닐까.

취업과 같은 목표들은 이루고 난 뒤 느낄 수 있는 행복의 유효 기간이 너무나도 짧다. 그러니 삶에서 '당장 이루고 싶은 목표'와 '평생 추구하는 가치'를 구분해야 한다. 회사에 입사한 것은 당장 이루고 싶은 목표를 달성한 것이다. 당연히 축하할 일이다. 그러나 입사가 인생의 최종 목표가 될 수는 없다. 입사 후에도 또 다른 목표를 향한 여정이 시작돼야 하는데 거기에 머물러 버리면 어떨까? 인생이 지루해지고 결코 만족스럽지 못할 것이다.

취직 자체로 얻을 수 있는 행복감, 만족감은 오래가지 않는다. 그 안에서 자신이 원하는 방향을 찾기 위해 평생 갈 지향점을 찾는 과정이 더 중요하다는 것을 기억하자.

몰입을 위한 조언

- 남들과 비교할수록 인생은 불만족스럽다.
- 행복은 강도가 아니라 빈도가 중요하다.
- 당장 이루고 싶은 목표와 평생 추구하는 가치를 구분하자.

집중과 몰입은
언제 어디서나 할 수 있다

진정 원하는 것을 이루는 사람이 거의 없는 이유 중 하나는
우리의 힘에 집중하지 않기 때문이다.

앤서니 라빈스

인간의 지능에서 중요한 하위 능력 중 하나를 들라면 당연히 주의
집중력이다. 집중력은 지능의 또 다른 이름이 아닐까 싶을 정도로
사람의 생활과 적응에 중요한 역할을 한다.

몰입은 어떤가? 지능이 높고 집중력이 높으면 몰입에 유리하지
만 그렇다고 해서 반드시 몰입을 잘하게 되는 것은 아니다. 진정으
로 집중하고 몰입하는 상황에서는 대개 '노력하고 있는 나'조차도 잊
는 경우가 대부분이다. 집중하고 몰입하기 위해 노력한다는 것은 오

히려 집중과 몰입이 되고 있지 않다는 뜻이기도 하다. 그렇기 때문에 간절할수록 집중과 몰입이 이루어지지 않을 수 있다. 행복한 삶을 살고 싶어서, 효과적으로 과제를 해결하고 싶어서 등등 여러 가지 이유를 떠올리며 '몰입해야 한다'고 생각하면 오히려 몰입에 방해가 되는 것이다.

발전하고 싶다면
명확한 목표부터 세운다

칙센트미하이의 연구 결과들에 따르면 쉬거나 놀 때보다 직장에서 시간을 보낼 때 오히려 몰입도가 더 높다고 한다. 뿐만 아니라 더 큰 만족감과 행복감을 느끼며 더 많은 적극성과 창조성을 발휘한다. 몰입이 꼭 행복을 의미하지는 않지만 그토록 하기 싫어하는 회사 일보다 쉴 때 몰입도가 더 낮다니 좀 이상하게 들릴 수도 있겠다.

일도 일 나름이고 노는 것도 노는 것 나름이다. 무조건 일은 싫고 힘든 것, 노는 것은 즐겁고 행복한 것도 아니다. 직장 생활과 노는 것의 가장 큰 차이는 명확한 목표의 유무다. 회사에서의 하루는 해결해야 할 과제들의 연속이다. 반면 노는 시간에는 그에 비해 그냥 저냥 흘러보내는 순간이 많다.

집중이나 몰입은 생존에 유리하다. 맹수와 대치하는 상황에서 한눈팔면 목숨이 날아가는 것처럼 생존에 필수적일 때도 있다. 몰입을 하면 자신에게 주어진 일들을 자동적으로 해내게 되고, 그 일에 푹 빠져서 행복을 느끼게 된다. 이처럼 나의 일을 너욱더 능숙하게 해내도록 만든다는 점에서 나의 발전을 유도한다. 처음에는 돌을 거칠게 깎아 내다가 점점 모양을 가다듬고, 더 나아가 부수적인 장식과 디테일을 채워 넣는 것이다. 몰입은 더 나은 다음을 위한 노력의 일환이다.

상상하는 것만으로
실력을 기르다

그럼 몰입과 집중을 잘하려면 어떻게 해야 할까? 나는 몰입이라는 정신 현상이 인간이 생존하기 위해 만들어진 장치 중 하나라고 생각한다.

베트남 전쟁 때 포로로 잡혔던 미 해군 조종사 잭 샌드 대령의 실제 일화에서 이를 알 수 있다. 그는 베트남 전쟁 당시에 함께 잡혀

온 다른 미군들이 혹독한 포로 생활을 견디지 못하고 사망한 것과는 달리 끝까지 살아남아 무사히 귀환할 수 있었다.

그가 미국에 도착하자마자 수척해진 모습으로 제일 먼저 요청한 것은 자신이 다니던 골프장에 데려다 달라는 것이었다. 그리고 그는 실제로 골프를 쳤다. 그런데 놀라운 일이 벌어졌다. 긴 포로 생활 동안 골프를 치지 못했음에도 불구하고 오히려 옛날보다 골프 실력이 더 좋아진 것이다.

훗날 누군가 그에게 질문하자, 그는 하루하루 견디기 힘들 때 골프장에서 연습하는 상상을 했다고 답했다. 포로 생활 동안 스윙을 할 때 바람은 어땠고, 잔디의 상태는 어땠고, 자신의 움직임은 어땠는지 아주 세세하게 머릿속으로 상상하며 시간을 보낸 것이다.

어느 순간부터는 전보다 공을 더 잘 치는 자신의 모습을 상상하기 시작했다. 조금씩 나아지는 자신의 골프 실력을 머릿속으로 그린 덕분이었다. 그러다 마침내 고향으로 돌아오자 그는 자신의 상상대로 정말 실력이 좋아졌는지 확인하고 싶었다. 그리고 그의 실력은 자신이 상상한 대로 성장해 있었다.

어떻게 이런 일이 가능할까? 그 첫 번째 이유는 다른 것들을 할 수 없이 완전히 차단된 상황에서 골프 연습을 하는 상상에만 꾸준히 몰입할 수 있었기 때문이다. 두 번째 이유는 그렇게 생생하게 상상할 수 있을 만큼 골프와 관련된 지식을 갖고 있었기 때문이다. 단순히 상상하는 능력을 넘어서 자신이 처한 상황을 생생하게 재연한다는 것은 골프장의 상황과 골프 기술을 알아야 가능한 일이다. 골프를 전혀 모르는 사람에게는 똑같이 재연하라고 해 봤자 아무 소용이 없다. 이처럼 사람마다 갖춰진 기술이 다르고 몰입할 수 있는 조건과 상황도 다르다. 그러나 몰입하는 상태에는 누구나 도달할 수 있다.

자신이 원하는 상황을 만드는 것도 개인의 역량이지만 살다 보면 반드시 원치 않는 상황에 놓이게 된다. 잭 샌드 대령의 예처럼 전쟁 중 포로가 되는 일은 자의로 선택하거나 통제할 수 있는 일이 아니다. 그럴 때 거기서 견디고 버티는 것을 넘어서 나의 길을 찾아갈 때 꼭 필요한 것 중 하나가 바로 몰입이다.

이 사례로 몰입 경험에 대한 몇 가지 사실을 알 수 있다. 첫째, 포로 생활과 고문 같은 극단의 환경에서도 몰입력과 상상력을 발휘하는 것이 가능하다. 둘째, 집중과 몰입 경험은 때로는 지옥 같은 공간에서도 발휘될 수 있고 나아가 생존에 직접적인 도움을 줄 수 있다. 셋째, 머릿속으로 상상하고 문제를 해결하기 위해 노력하는 일이 실제 일상생활에서 큰 변화를 일으킬 수 있다.

마지막으로, 사람마다 몰입할 수 있는 영역과 기술이 다를 수 있다. 즉, 몰입의 시간은 삶에서 느끼는 고단함과 막막함을 견디고 오늘보다 더 나은 내일을 위해서 꼭 필요하다.

몰입을 위한 조언

- 집중력은 타고나는 것이지만 몰입은 후천적으로도 가능하다.
- 몰입은 언제 어디서나 가능하다.

내가 선택할 수 있는 것에만
집중하라

문제는 목적지에 얼마나 빨리 가느냐가 아니라
그 목적지가 어디냐는 것이다.

메이벨 뉴컴버

지금 사는 삶에 만족하는지 생각해 보자. 만족스러운 사람도 있고 그렇지 못한 사람도 있을 것이다. 만족하는 사람들 중에서 누군가는 정신 승리를 할 수도 있고, 또 누군가는 정말 마음 깊은 곳에서부터 진정으로 만족감을 느낄 수도 있다. 자기 삶에 진정으로 만족하는 사람들은 그대로 살아가면 되지만 만족하지 못하는 사람들은 앞으로 어떻게 살아야 좋을까?

인생은 속도보다 방향이 중요하다는 말이 있다. 만족스럽지 못한 이전과 다른 삶을 살기 위해서는 조금 늦더라도 자신이 정말 원하는 길로 나아가야 한다는 뜻이다. 그렇다면 정말 속도는 중요하지 않고 방향만이 중요하다고 말할 수 있을까?

나는 행복한 선택을 하는 사람일까

어려서부터 재능을 나타낸 덕분에 경쟁에서 살아남아 유명해진 사람의 성공 사례를 보면 역시 조기 교육이 답인 것 같고 일찍 재능을 갈고닦지 않으면 성공할 수 없을 것 같다는 생각이 든다.

실제로 시기가 관건인 직업들도 있다. 피겨 스케이팅 선수는 대개 20대 초반이면 노장, 20대 중반이면 은퇴할 나이라고 한다. 그런데 20대 이후에 피겨 스케이팅 선수가 될 천부적인 자질을 발견한다면 어떨까? 취미로 즐길 수는 있지만 안타깝게도 국가대표 선수가 되기는 어려울 것이다. 이처럼 어떤 직업은 방향뿐만 아니라 속도가 매우 중요한 것처럼 보인다.

그러나 반드시 그 직업을 가져야 하고 그 일을 해야만 하는 것은 아니다. 우리에게는 인생의 수많은 방향으로 나아갈 수 있는 선택권이 있다.

돈을 잘 버는 기술을 가진 사람, 운동을 잘하는 사람이 있는 것처럼 남들보다 더 행복해질 수 있는 사람도 있다. 영국 에든버러 대학교의 알렉산더 웨이스 박사는 유전자가 동일한 일란성 쌍둥이와 유전자가 다른 이란성 쌍둥이 900쌍을 대상으로 성격과 유전자를 분석했다. 그 결과 유전자가 행복과 관련된 성격적 특징에 50퍼센트 영향을 미치며, 나머지 50퍼센트는 생활 환경이 결정하는 것으로 보고했다.

행복한 사람과 행복해지기를 바라기만 하는 사람 간의 가장 큰 차이는 쉽게 말해 행복한 사람은 행복해지는 선택을 하고, 행복하지 못한 사람은 행복하지 못할 선택을 하기 때문에 생긴다.

사람들에게 행복이 무엇인지 물어보면 대개는 돈, 집, 차처럼 물질적인 조건을 위주로 답하는 경향이 있다. 그런데 나이 지긋한 분들에게 질문하면 '전원에서 닭이나 오리 같은 가축을 기르고 텃밭을 가꾸는 것'이라고 답한다. 산골에서 혼자 사는 사람들의 모습을 보여 주는 모 TV 프로그램이 인기를 얻는 것을 보면, 그런 사람들이 의외로 많고 그런 삶에 관심을 갖는 사람도 많다는 것을 알 수 있다.

중장년층에게 언젠간 꼭 하고 싶은 것이 무엇인지 질문하면 많은 사람이 '세계 일주'라고 답한다. 그 이유는 팍팍한 현실에서 벗어나 여태까지 경험하지 못했던 세계의 풍광과 유명 관광지를 보고, 음식을 맛보고, 새로운 사람들을 만나고 싶은 마음 때문이라고 생각한다. 사람들은 흔히 자신이 어떤 재능이나 자질을 타고나지 못한 것과 부유한 환경을 갖추지 못한 것을 불행하게 생각한다. 자신이 처한 상황에 만족하지 못하고 더 나은 가정 환경이나 지원이 부족한 것을 서글퍼하기도 한다.

유전 50퍼센트보다
힘이 센 노력 50퍼센트

모든 사람이 같은 조건에서 시작할 수 없으니 인생은 참 불공평하다는 생각이 든다. 그러나 인생이 완전히 결정돼 있고 이미 정해져 있어서 절대로 바꿀 수 없는 것은 아니다.

행복의 50퍼센트가 개인이 선택할 수 없는 유전자 혹은 가정 환경의 영향으로 정해진다면 나머지 50퍼센트는 나의 선택으로 결정된다. 10퍼센트는 그 사람이 앞으로 살아가는 환경, 40퍼센트는 그 사람이 의도적으로 노력하고 활동하는 것에 달렸다.

타고난 건 바꿀 수 없다. 그렇기에 그다음부터가 중요하다. 타고난 것을 기반으로 할 수 있는 일을 찾아 실천하는 것이 바로 우리가 행복에 가까워지는 길이다.

그렇다면 의도적인 40퍼센트의 노력만으로도 충분히 행복해질 수 있을까? 물론이다. 충분하다 못해 차고 넘친다. 인생에서 바꿀 수 있는 부분이 40퍼센트라는 건 어마어마한 가능성이다.

누군가는 이를 정신 승리라고 부를 수도 있고 합리화라고 생각할 수도 있다. 하지만 어차피 이미 결정된 부분은 바꿀 수 없다. 우리는 뛰어난 재능이나 넉넉한 환경을 갖지 못한 것을 아쉬워하고 슬퍼하는 데 너무 많은 시간을 쓴다. 그러나 인생을 바꾸는 것은 모두 후천적 삶에 달려 있다. 나머지 내가 바꿀 수 있는 40퍼센트를 잘 활용하는 것, 한 번 해 보고 두 번 해 보고 그래도 안 되면 다른 방법으로 시도해 보는 도전 정신이 당신의 인생을 바꾼다.

인생은 하루 이틀이 아니다. 그런 면에서 보면 인생은 속도가 아니라 방향이다. 당신에게는 재능을 조기에 발견해 줄 만한 조력자가 없었을 수도 있다. 아주 오랜 시간이 지나 몰랐던 천부적인 재능을 발견할 수도 있다. 그 재능을 발견했을 땐 이미 너무 늦어 버렸다고 생각할 수도 있다.

비록 어린 시절엔 당신의 재능을 발견해 줄 사람이 없었더라도, 성인이 된 지금은 당신이 스스로 선택하고 나아갈 수 있는 힘이 생겼다. 몰랐던 나를 발견하고 앞으로 가야 할 길을 알려 줄 자신이 있다. 내가 나의 조력자가 되는 것이다.

몰입을 위한 조언

- 방향보다 속도가 중요한 삶도 있고, 누군가는 선천적인 재능을 꽃 피우지 못하기도 한다. 그러나 어른이 된 지금은 얼마든지 주체적으로 선택할 수 있다는 것을 잊지 말자.

인생을 바꾸고 싶으면
경험하는 방식을 바꿔라

물에 빠져서가 아니라
물속에 가라앉은 채로 있기 때문에 익사하는 것이다.

파울로 코엘료

사람들은 오감을 이용해서 세상을 인식하고 해석하고 받아들인다. 그리고 자신이 받아들이는 대로 행동하기 때문에 세상을 해석하는 방식은 향후 그 사람이 취할 행동을 알려 주는 중요한 단서다. 달리 말해 외부 사건에 어떤 의미를 부여하는지에 따라 이전과 전혀 다른 삶을 살 수도 있다.

예를 들어 아이작 뉴턴은 나무에 달린 사과가 땅으로 떨어지는 모습을 보고 만유인력의 법칙을 발견했다. 땅으로 떨어지는 사과의 모습은 누구나 볼 수 있지만 이런 호기심을 모두가 품지는 못했다.

'왜 다른 곳이 아니고 아래로 떨어졌을까?'

그의 궁금증과 해석이 다른 사람들의 것과 판이하게 달랐다는 뜻이다. 사람들은 자연 현상을 관찰하면서 아주 많은 설명을 하고자 했다. 예를 들어 달의 크기와 모양이 변하는 것을 보며 각자 다른 방식으로 설명했다.

일식과 월식 현상을 보고 누군가는 '하늘나라의 개가 먹었다가 너무 뜨겁고 차가워서 뱉어 생기는 현상'이라고 설명하기도 했다. 물론 과학적인 사실이 밝혀지면 개인적인 설명이나 신화는 동화책 속으로 들어앉거나 세상에서 사라진다.

이런 과학적인 발견은 소수의 천재, 연구자의 몫이다. 그렇다면 우리는 우리의 인생에서 어떤 부분을 발견하고 이전과 달리 해석해야 내 인생을 긍정적으로 바꿀 수 있을까? 흔히 말하는 것처럼 최선을 다하면 되는 걸까?

'최선을 다하자'는 말은 학교 선생님이 정한 급훈으로 걸려 있던 말이기도 하고 좌우명으로 흔히 쓰는 말이기도 하다. 당신도 최선을 다하는 삶, 후회 없는 삶을 살고 싶은가? 그렇다면 지금 당신은 최선을 다해 살고 있지 않다는 뜻인가?

아무 생각 없이
최선을 다하지 마라

살아 있는 모든 생명체는 주어진 환경에 적응하기 위해 최선을 다한다. 하루 종일 방에 틀어박혀 게임만 하거나 혼자서 지내는 사람을 보면 현실에 적응하지 못한 것처럼 보인다. 하지만 어쩌면 다른 사람과 교류하지 않으려는 것은 그들 나름대로 상황에 적응하기 위해 선택한 최선의 방법일 수도 있다. 각자 최선을 다하는 방식이 다를 뿐이다.

그렇다면 최선을 다하기만 하면 정말 인생이 긍정적으로 바뀔까? 꼭 그런 것 같지는 않다. 오히려 최선을 다했다가 체력과 마음이 소진되는 경우도 많다.

미국의 심리학자 로이 바우마이스터가 말한 자아 고갈(Ego Depletion)은 인간의 의지와 자제력에는 한계가 있고 뇌가 피곤할 때 혹은 과중한 일이 부여될 때 의지력이 충분히 발휘될 수 없음을 시사한다. 안타깝지만 극소수의 상황을 제외하면 세상에는 강철 같은 체력도, 강철 같은 의지도 없는 것이다.

인간의 자아 고갈과 관련해서 스탠포드대학교의 교수 바바 시브의 심리학 실험을 살펴보자. 이 실험에서는 참가자들을 두 집단으로 구분한 뒤 한 집단의 참가자들에게는 일곱 자리 숫자를 외우게 하고, 다른 집단 참가자들에게는 두 자리 숫자를 외우라고 지시한다. 언뜻 보면 이것이 심리학 실험의 핵심인 것처럼 보이지만 진짜 실험은 그 이후부터다.

이들에게 숫자를 잘 외웠는지 확인하면서 초콜릿 케이크와 과일 샐러드 중 하나를 고르라고 한다. 그러자 일곱 자리 숫자를 외운 참가자들은 초콜릿 케이크를, 두 자리 숫자를 외운 참가자들은 과일 샐러드를 더 많이 골랐다.

사람들은 에너지 소모가 극심해지면 이를 보상하기 위한 행동을 습관적으로 나타낸다. 비어 버린 에너지 창고를 채우려고 노력한다. 그래서 상대적으로 뇌 에너지를 더 많이 사용한 사람들이 과일 샐러드보다 열량이 높은 초콜릿 케이크를 고른 것이다.

더불어 이 실험 결과를 두고 연구자들은 인간의 두뇌에서 논리가 작용하는 영역이 바쁘면 감정이 작용하는 영역에서 결정을 한다는 사실을 발견했다. 즉, 일종의 한계 상태에 도달하면 이성적으로 판단하기 어려워지는 것이다.

익숙함을 버려야 성장한다

실제로 최선을 다하면서 살아온 사람들이 어느 순간에 갑자기 허탈함을 느끼고 힘들어하는 모습을 보게 된다. 열심히 노력했지만 온전하게 휴식하지 못하고 스스로를 돌아보지는 못했기 때문이다.

스스로를 돌아보고 싶은가? 그렇다면 일상에서 마주하는 물리적인 자극들을 너무 당연한 것으로 보고 있지는 않은지 한번 생각해 보자. 나는 지금 어디에 있는가? 내 주변에 있는 사물들의 생김새와 쓰임새는 어떤가? 각각의 냄새는 어떤가? 이것들이 나의 어떤 기억들을 자극하고 어떤 감정들을 불러일으키는가?

대개의 사람들은 어느 순간부터 외부 세상을 너무 자동적이고 익숙한 방식으로 받아들이게 된다. 그것이 적응에 큰 도움을 주기는 하지만 그러다 보면 당연하지 않아야 할 일들도 당연하게 느껴지고 아무 생각과 판단 없이 살아가게 된다. 그렇기 때문에 우리는 경험하는 방식을 바꿔야 성장해 갈 수 있다.

몰입을 위한 조언

- 이 세상에 강철 같은 체력은 없다. 나를 돌아보는 휴식은 필수다.
- 그동안 너무 당연했던 사건들도 노력하면 이전과 다르게 보인다.
- 세상을 해석하는 방식을 바꾸면 인생도 달라진다.

당신의 인생 시계는
지금 몇 시인가?

평생을 살 것처럼 꿈을 꿔라.
그리고 내일 죽을 것처럼 오늘을 살아라.

제임스 딘

0세 출생자가 앞으로 생존할 것으로 기대되는 평균 생존 연수를 '기대 수명'이라고 부른다. 모두가 기대 수명까지 다 살 수 있는 건 아니지만 평균적으로 기대하는 수명이다. 2018년 기준 우리나라의 평균 기대 수명은 82.7세로 남성은 79.7세, 여성은 85.7세다.

당신은 현재 나이에서 기대 수명에 도달하기까지 어떤 삶을 살고 싶은가? 혹시 지금 뭔가를 다시 시작하기엔 너무 늦은 나이라고 체념하거나, 남은 인생이 너무 까마득하다고 여기고 있지는 않은가?

내 삶은 그냥 그래 보이고 남들의 삶은 특별하게 보여 부러울 수도 있다. 때로는 자신의 현재 모습이 싫어지고 부모님이 원망스럽기도 하다. 실제로 사람들은 현재 처한 상황이 행복하지 않을수록 과거를 돌아보고 자괴감에 빠지며 앞으로 올 미래를 부정적이고 비관적으로 생각한다.

그러나 지금껏 내가 살아온 삶을 바꾸는 것은 불가능하고 그럴 필요도 없다. 비록 당신은 만족스럽지 못할지라도 당신의 삶은 그동안 당신에게 주어진 환경, 삶의 여건들에 적응하기 위해 최선의 노력을 다한 결과물이기 때문이다. 스스로에게 좀 더 당당해져도 좋다.

뭔가를 시작하기
늦은 나이가 있을까?

심리학에서는 자신의 인생을 잘 통제할 수 있다는 믿음을 '통제감의 착각'이라고 부른다. 착각이라고는 하지만 실제보다 현실을 약간 긍정적으로 보는 사람들이 건강한 사람이다. 누구나 앞으로 어떤 일이 일어날지 정확히 알 수 없다. 그럼에도 미래를 낙관적으로 생각하는 사람이 있고 비관적으로 생각하는 사람이 있다.

앞서 말했듯이 우리가 약 80년을 산다고 가정해 보자. 이게 얼마나 긴 시간인지 감이 잘 오지 않을 수 있다. 그럼 이렇게 생각해 보자. 당신의 현재 나이를 24시간으로 환산하면 지금 몇 시쯤 된 것 같은가?

우리가 80년을 살고 당신의 현재 나이가 20살이면 하루의 4분의 1이 지나간 것이고, 이는 새벽 6시에 해당한다. 새벽 6시에 사람들은 무엇을 하고 있을 것 같은가? 아마도 대개는 잠을 자며 하루를 제대로 시작하지 않은 상태일 것이다. 그럼 당신이 40살이면 어떨까? 하루의 절반인 오후 12시, 겨우 점심 먹을 시간 즈음이다.

누구나
전성기가 있다

아직도 당신의 나이가 뭔가를 시작하기에 늦은 나이라고 생각하는가? 켄터키 프라이드치킨을 개발한 커넬 샌더스를 생각해 보자. 그는 인생에서 겪을 수 있는 여러 어려움을 모두 겪고 66살에 비로소 자신의 레시피를 인정받았다. 99살에 타계했으니 그의 전성기는 하루로 따지면 3분의 2로 약 오후 6시쯤에 찾아온 셈이다. 한마디로 커넬의 삶은 사람들이 퇴근할 무렵에 본격적으로 빛이 나기 시작한 것이다.

조선 시대 구국의 영웅인 이순신 장군은 약 53년의 삶을 살았다. 그는 32살에 무과에 급제한다. 요즘으로 따지면 늦깎이 공시생이다. 임진왜란을 3년 앞둔 1589년에 그는 선조 임금으로부터 파격적인 승진을 제안받고 전라좌도 수군통제사가 된다.

안타깝게도 그의 전체 인생을 하루로 따지면 거의 저녁 무렵에 본격적인 전성기가 시작된 것이나 다름없다. 하지만 그렇다고 해서 벼슬을 받기 전의 삶을 부정할 필요도 없고, 그 찬란한 관직 생활의 이면에 숨은 고통을 평가 절하할 필요도 없다. 모두 한 개인의 삶일 뿐이다.

'우리 주변에는 왜 샌더스나 이순신 장군 같은 사람이 없을까?'

이런 생각이 든다면 이 글을 읽고 있는 당신이 아직 전성기를 맞지 못한 샌더스일 수도 있고 이순신 장군일 수도 있다. 그리고 굳이 당신이 샌더스나 이순신 장군처럼 살 필요도 없다. 자기 자신으로 사는 일이 무엇보다 중요하다.

다시 당신의 인생 시계로 돌아가 보자. 낭신의 나이는 현재 몇 시인가? 뭔가를 시작하기에 늦었다고 여기기엔 너무 이른 시간이지 않을까?

몰입을 위한 조언

- 실제보다 현실을 약간 더 긍정적으로 보는 사람들이 건강하다.
- 당신의 나이가 몇 살이든 무엇을 시작하기에 늦은 나이는 없다.

나에게 맞는 환경을
직접 조성하고 행동하라

용기가 언제나 큰 소리로 말하는 것은 아니다.
때로 용기란 하루의 마지막에 조용한 목소리로
"내일 다시 시도해 볼 거야"라고 말하는 것이다.

마리 앤 라드마커

'네 인생은 네 것이다'라는 아주 그럴듯한 말이 있다. 그런데 어디부터 어디까지가 온전한 내 인생인 걸까? 야생 동물의 세계에서는 다른 동물이 자신의 영역을 침범할 경우, 맞서 싸워서 이기거나 도망치는 방법밖에 없다. 누군가 나를 화나게 하면 그건 내 영역이 침범됐다는 뜻이다. 사람인 우리도 가끔은 이런 생각이 들 때가 있다.

'내 인생은 내 거라며? 그런데 왜 내가 선택할 수 있는 건 이것밖에 안 돼?

내 인생은 내 것이지만 실제로 이 세상에는 내 마음대로 되는 것이 별로 없다. 내가 선택할 수 있는 것은 매우 제한적인데, 그 선택의 결과가 만족스럽지 못할 수도 있다. 인생은 결정돼 있으니 그냥 순응하라는 뜻이 아니다. 다만 내 출발선이 어딘지 알아야 언제 뛰고 언제 쉴지를 알 수 있다.

타고난 기질부터
확인하라

당신은 세계 200개가 넘는 나라 중에 대한민국에 태어났다. 그리고 남성이든 여성이든 혹은 성별을 바꾸고 싶어 하는 사람이든 이미 성별도 정해져 있다.

또 가족들과 닮지 않은 돌연변이라고 하더라도 어느 정도는 부모의 외모, 체형 등의 유전적 경향성을 물려받는다. 그래서 우리 인생에서 선택할 수 있는 건 참 한정적이다. 이런 제약을 먼저 아는 것부터 시작하는 게 중요하다.

이론가들에 따라서는 인간의 정신 구조가 타고난 경로에 따라 발달한다고 보기도 하고, 타고난 기질과 무관하게 전적으로 환경에 의해 결정된다고 보기도 한다.

그런데 최신 연구 결과들의 경향을 보면 타고난 기질에 걸맞은 최적의 환경에 놓일 때 건강한 자기가 만들어진다고 알려져 있다. 평범한 기질을 갖고 태어나도 부정적인 환경에 노출되면 건강하지 않은 사람이 되고, 평범한 환경에서 자라도 극단적인 기질을 가지고 태어나면 평범하게 자라지 못할 수 있는 것이다.

이루려는 목표가
정말 내가 원하는 것인지 확인하라

행복함을 느끼려면 크게 두 가지 조건이 충족돼야 한다.

첫 번째, 내가 정한 목표가 달성이 되고 있는가.
두 번째, 목표를 달성하는 과정에서 느끼는 기분이 긍정적인가.

그럼 내 인생을 행복하게 만들기 위해서는 장기적인 목표와 좋은 기분만 있으면 되는 걸까? 아쉽게도 그리 간단한 문제가 아니다.

예를 들어 목표가 '원하는 대학에 입학하는 것'이라면 우선 이 목표가 진정 내 목표인지 다른 사람의 바람인지 구분할 수 있어야 한다. 부모의 권유, 주변 사람들이 모두 그렇게 하니까 나도 그걸 해야겠다고 생각한 것은 아닌지 생각해 보자.

대놓고 "이 정도는 해야지"라는 말을 듣는다면 그 말에 동의할지 아닐지를 선택할 수 있다. 그러나 만약 부모가 말로는 "너 하고 싶은 대로 해"라거나 "네 일은 네가 알아서 해"라고 하지만 막상 정말 내 마음대로 하면 이를 탐탁지 않아 하거나 미묘한 방식으로 반대할 수도 있다.

또한 끝내 나의 생각과 의사를 관철시키고 내가 원하는 대로 행동했을 때 "왜 너는 네 생각만 하니?", "넌 너무 이기적이고 계산적이야"와 같은 말을 듣는다면 어떨까? 이러한 부모들의 암묵적이고 이중적인 의사소통 때문에 나의 선택이 잘못된 것처럼 느껴지고 목표를 달성해도 뿌듯함보다는 찜찜한 기분이 든다. 심지어 평소에 종종 이런 생각이 떠오르기도 한다.

'내가 이런 걸 해도 되나?'

'내가 이런 걸 가져도 되나?'

이를 명확하게 자각하기까지는 굉장히 오랜 시간이 걸린다. 경우에 따라서는 평생 이런 생활에 익숙해진 나머지 결혼 후에도 자각하지 못하는 경우를 자주 본다.

부모가 만든 심리적 테두리에 동조하는 배우자를 만나면 큰 무리 없이 지낼 수도 있지만 그런 경우는 많지 않다. 나는 익숙하지만 배우자는 내 부모의 심리적 통제나 관여에 익숙하지 않아 부부 싸움이 일어난다. 부모의 영향력을 깨닫게 되면 다행이지만, 그렇지 못할 경우 배우자를 극도로 이상하고 이기적인 사람으로 몰아가는 경우가 생기기도 한다.

간혹 자신의 목표와 부모의 목표가 정확하게 일치하는 경우도 있다. 하지만 대부분의 경우는 부모의 인생 가치와 목표가 자녀의 인생을 압도하면서 부모 자식간의 갈등으로 번진다. 목표가 잘못됐으니 거기에 도달하는 과정도 고통스럽다. 목표에 도착하고 나면 '내가 여기 이러려고 도착했나' 하는 생각이 들 수도 있다. 그러니 점검하라. 당신이 이루려는 그 목표는 온전히 당신이 바란 것인가?

이전과 같은 방식 그대로 살면서 오늘이 달라지길 바란다는 건 무리이지 않을까. 그러니 뭔가를 시작하고 싶다면 꼭 거창하고 큰 목표가 아니어도 좋다. 작지만 결과를 바로 확인할 수 있는 일부터 찾아서 '그냥' 시작하는 행동력이 꼭 필요하다.

몰입을 위한 조언

- 생각보다 인생에서 결정된 건 많다. 그럼에도 결정된 것을 따를지 원하는 삶으로 바꿔 나갈지는 당신의 선택이다.
- 뭔가를 해내고 싶다면 오늘, 바로 지금부터 시작한다.

2장

✦ ✦ ✦

부정적인 감정은
어떻게 차단하는가?

몰입을 방해하는 감정 들여다보기

SNS를 볼 때마다 내가 초라하게 느껴져요

인간은 타인의 욕망을 욕망한다.

자크 라캉

"저는 인스타그램을 들여다보면 볼수록 기분이 안 좋아져요. 연예인이나 재벌들이 보여 주는 화려한 일상이야 나와는 상관없는 세상이니까 그러려니 해도 내 주변 사람들이 잘나가는 모습을 보면 정말 못 참겠어요. 맛있는 음식과 예쁜 옷, 여행에서 찍은 사진들까지. 놀 것 다 놀면서 나보다 좋은 회사에 다니고 있는 친구를 보면 돈이 없어 삼각 김밥을 고르는 제 모습과 비교돼서 자괴감이 들어요. 왜 나 빼고 다 잘 사는 것처럼 보일까요?"

여러 SNS 중에서 특히 인스타그램을 보면 모든 사람들이 화양연화처럼 빛나는 순간만을 살고 있는 것 같다. 이런 타인의 행복을 들여다보면 왜 나의 기분이 점점 안 좋아질까?

사람들의 화려한 면면을 보면 '이대로 살면 안 될 것 같은' 막연한 불안감이 엄습한다. 남들의 인생과 목표에 압도된다. 그 결과 나의 삶은 초라해 보인다. 부러우면 지는 걸 알면서도 남을 부러워한다. 머리로는 알면서도 잘 안 되는 일들이 반복돼 자괴감은 점점 커져간다.

SNS가 '시간 낭비 시스템'의 약자라는 근거 있는 주장

다른 사람들과 소통하기 위해 개발된 SNS는 어떻게 사용하느냐에 따라 사용자의 기분에 영향을 미친다고 알려져 있다. 편의상 자신의 화려한 일상을 찍어 올리는 사람을 '능동적 사용자'로, 다른 사람의 게시물을 주로 관람하기만 하는 사람을 '수동적 사용자'라고 부르겠다. 즉, SNS를 능동적이거나 수동적으로 사용하는 것에 따라 사용자의 기분이 갈리는 것이다.

미시간대학교의 신경과학 연구진은 페이스북 사용자들을 대상으로 하루에 총 다섯 개의 문자를 받을 때마다 페이스북에 올라온 게시물을 쭉 확인하도록 하고 참가자들의 기분을 보고하는 실험을 진행했다. 그 결과 게시물 확인을 더 많이 한 사람일수록 부정적인 기분이 든다고 보고했다.

게임을 하든, 공부를 하든, 집안일을 하든 어떤 일에 몰두하고 있는데 누군가가 반복적으로 방해하면 짜증이 솟구쳤던 경험이 있을 것이다. 이때 나를 방해하는 사건들은 SNS의 푸시 알람과 같은 역할을 한다. 내가 보고 싶지 않을 때도 핸드폰 화면에 불이 들어오는 등 기분 나쁜 자극들로 주의가 분산된다. 이런 일이 반복되면 좋던 기분도 나빠지는 것이다. 인스타그램을 보면서 느끼는 부러움, 시샘의 감정을 살펴보자. 이런 감정은 객관적으로 작용하지 않는다.

운동 경기에서 은메달을 딴 사람이 행복할까, 동메달을 딴 사람이 행복할까? 올림픽 메달리스트들의 시상식 표정을 연구한 결과를 보면 의외로 은메달 수상자보다는 동메달 수상자들의 표정이 더 행복하다고 한다. 은메달 수상자들은 금메달을 따지 못한 좌절감으로 시상식 장면에서 표정이 일그러지는 반면, 메달권 밖으로 밀려날 뻔했던 동메달 수상자들은 오히려 은메달 수상자보다 더 행복한 표정을 짓더라는 것이다. 이런 연구 결과를 보면 행복은 객관적인 결과보다는 주관적인 경험에 영향을 받고, 자신과 타인을 비교하는 과정이 사람들의 행복감에 큰 영향을 미칠 수 있다는 것을 알 수 있다.

몰입을 위한 조언

- 남의 SNS를 관람하기만 하면 자꾸만 나와 비교되고 부정적인 기분이 들기 마련이다. 그렇다면 수동적으로 관람하기보다 능동적으로 기록해 보는 것이 어떨까.

타인의 행복과 나의 불행은
비교 대상이 아니다

자신을 그 누구와도 비교하지 마라.
자기 자신을 모욕하는 행동이다.

빌 게이츠

자동적으로 남들과 나를 비교하는 마음의 작용을 '사회 비교'라고 부른다. 사회 비교에는 상향 비교와 하향 비교가 있다. 상향 비교는 남들의 뛰어난 부분과 나의 부족한 부분을 비교하는 것이다. 반대로 하향 비교는 나보다 못해 보이는 남들과 나를 비교하는 것이다.

상향 비교가 작동하면 상당한 불행감을 느낀다. 마치 은메달리스트가 금메달리스트와 자기를 비교하며 괴로워하는 것과 같다. 누군가의 인스타그램에 올라온 '인생에서의 절정'인 모습과 나의 일상을 비교하면 당연히 나의 일상이 찌질하고 초라해 보일 수밖에 없다. 그럴 땐 근원적인 물음에 답해 보자.

"나도 저 사람처럼 꼭 화려해야 하나?"

막연히 행복 회로를 돌리면서 정신 승리하라는 뜻이 아니다. 내가 꼭 그들의 삶을 동경해야 하는지 생각해 보자는 것이다. 만약 나도 저런 인생을 정말로 살고 싶은 거라면 내가 어떻게 해야 변할 수 있을지 고민하며 그들의 모습을 동기 부여의 수단으로 삼아 보자. 그렇다면 상향 비교만으로는 불행해지지 않을 것이다.

반대로 하향 비교가 작동하면 내가 남보다 더 우위에 서 있다는 우월감과 만족감을 느낄 수는 있다. 동메달리스트가 메달권 밖으로 나간 선수를 보는 시선을 생각해 보자. 그러나 이렇게 방어적인 수준으로 현실에 안주하면 내가 원하는 목표를 이루거나 인생의 가치를 달성하기는커녕 오히려 후퇴할 수도 있다.

사는 건 생각보다 복잡하다. 그리고 순간순간의 의도적인 선택이 행복과 불행을 가른다. 그렇기 때문에 매사에 하던 대로 편하게 자동적으로 행동할 것이 아니라, 그때그때마다 어떤 행동을 할지 생각하고 선택하는 연습이 필요하다.

상향 비교와 하향 비교를
인생에 이용하라

어떻게 하면 SNS를 보고도 기분이 나빠지지 않을 수 있을까? 꼭 SNS 애플리케이션을 삭제해야 할까? 그럴 필요는 없다. 사용하는 방식만 살짝 바꿔 보자.

첫 번째로 SNS 알림을 비활성화한다. 적어도 시도 때도 없이 SNS가 보이지 않도록 미리 차단하는 것이다. 이런 식으로 주도적인 사용자가 될지 말지를 내가 선택할 수 있다.

두 번째는 내가 원하는 때에 접속해서 원하는 방식으로 사용한다. 이왕 SNS를 사용하기로 했다면 상향 비교와 하향 비교를 적절히 사용해서 인생에 도움이 되도록 만들어 보자. 상향 비교를 통해서는 SNS에 드러난 사람들을 부러워하는 내 모습을 보면서, 내가 진정으로 원하는 삶의 방향을 가늠해 보는 것이 가능하다. 그렇게 나의 인생 목표를 명확히 하는 것이다. 하향 비교를 통해서는 내가 가고 있는 길이 맞는지 확인하며 나의 마음을 달랠 수 있다.

내가 진정으로 원하는 것이 무엇인지 찾아내는 것은 진공 속에서 이루어지지 않는다. SNS는 잘 사용한다는 전제하에 당신에게 도움을 줄 수도, 당신의 몰입을 방해할 수도 있다는 것을 잊지 말자.

몰입을 위한 조언

- SNS는 정해 둔 시간만큼만 접속하자.
- 이왕 SNS를 할 거라면 상향 비교로 목표를 설정하고, 하향 비교로 나의 상황을 점검한다.

문제의 난이도를 제대로 파악하면
걱정이 줄어든다

내일 걱정은 내일에 맡겨라.
하루의 괴로움은 그날 겪은 것만으로 족하다.

마태복음

몰입을 방해하는 생각과 감정은 매우 다양하다. 그중 대표적인 것이 걱정이다. 걱정은 불안의 일차적이고 인지적인 특징이다. 보통 걱정은 부정적이고 상대적으로 통제하기 어려운 것으로 인식된다. '기우(杞憂)'라는 말이 있다. 중국의 고사성어 '기인지우(杞人之憂)'에서 유래된 말로 고대 중국 기나라에 살던 사람이 '하늘이 무너지고 땅이 꺼지지 않을까' 전전긍긍하는 데서 비롯됐고 쓸데없는 걱정을 의미한다. 그렇게 근심과 걱정에 시달리는 걸 본 다른 사람이 '하늘은

기운으로 가득 차 있어 해와 달, 별이 떨어지지 않고 땅 역시 기운이
뭉쳐져 있어 꺼지지 않는다'라고 설명하자 그제서야 안심했다고 전
해진다.

과한 걱정이
나의 능력을 막는다

이렇게 말 한마디로 걱정이 사라지면 얼마나 좋을까? 실제로 과하
게 걱정하고 두려움이 많은 사람이 걱정에서 쉽게 벗어나기는 대단
히 어렵다. 내가 어찌 해 볼 수 없을 것 같은 끔찍한 일이 벌어질까
봐 자기 자신이 반복적으로 실패했던 사건들에 신경을 쏟는다. 이처
럼 걱정은 자신에게 주어진 여러 가지 문제를 풀 능력이 없다고 생
각하는 순간 발생되는 감정이다.

내가 마주한 과제들을 볼 때 생기는 감정을 잘 들여다보면 걱정을
조절할 수 있다. 그런데 성향에 따라서 남들보다 위험을 더 과장되
게 인식하는 사람도 있고, 남들보다 상황을 긍정적으로 보는 사람도
있다. 무엇보다 중요한 것은 자신이 해결해야 할 과제의 난도를 제

대로 파악하는 것이다. 난도를 잘못 파악하는 것은 해결 능력이 없는 것만큼이나 좋지 않다. 과거에 실패했던 경험을 맛본 사람이 이전과 상황이 분명 달라져도 과거의 경험을 그대로 답습하며 경험할 수도 있다.

이처럼 실제 능력과 별개로 이 과제를 잘 해내지 못할 것이라는 걱정과 염려가 심해지기도 한다. '자신감을 가져라'라고 말해도 사람들이 믿기 어려워하는 이유 역시 걱정이 유발하는 파국적인 효과 때문이다. 걱정은 아직 일어나지도 않은 일을 크고 끔찍한 것으로 여기도록 만든다.

걱정 리스트를 적고
말해 보라

막연한 걱정과 염려에서 벗어나고 보다 적극적으로 대처하는 방법이 있다. 바로 걱정을 의식하고 언어화하는 것이다. 쉽게 말해 내 안에 있는 걱정들을 하나씩 종이에 적어 보거나 말해 보는 것이다. 사람들이 죽기 전에 꼭 해 보고 싶은 일들을 목록으로 적고 실천하는 버킷 리스트처럼 자신만의 걱정 리스트를 만들어 보자. 이렇게

써 내려간 걱정거리들은 분류할 수 있다. 분류 기준은 다음과 같다.

첫 번째, 당장 벌어질 일인가 혹은 한참 나중에 벌어질 일인가?
두 번째, 내가 막을 수 있는 일인가 그렇지 않은가?

이미 벌어진 일은 아무리 노력해도 되돌릴 수 없다. 더불어 다른 사람의 마음을 바꾸는 일은 내가 아무리 걱정해도 할 수 없는 일이다. 걱정하고 염려하느라 바쁜 내 마음도 어쩌지 못하는데 다른 사람의 마음을 내 마음대로 바꾸는 일은 더더군다나 불가능하다.

걱정 리스트를 만들고 분류한 다음에는 내가 적은 걱정의 결과들이 정말 내가 걱정할 만큼 끔찍한지 고민해 보자. 단, 혼자 고민한다면 다른 각도에서 살펴봐 줄 사람이 없다. 그러므로 정말 내 편에서 나의 걱정을 고민해 줄 사람들과 논의해 보자. 또한 전혀 공감적이지 못한 사람들에게 이야기하면 불안해지기만 할 수 있는데, 만약 여러 가지 이유로 내 편을 들어 줄 사람이 없다면 상담사나 심리 치료사를 찾기를 권하고 싶다.

더불어 이러한 외적인 도움을 구하는 데서 한발 나아가, 자신의 내면을 들여다보기를 바란다. 안정적이고 이상적인 내적 상태를 이루기 위해서는 운동과 휴식, 산책, 명상 등의 전략이 있다.

마지막으로, 걱정이나 안 될 것에 초점을 맞추지 말고 어떻게 하면 문제를 해결할 수 있을지 그 해법에 집중하자. 내가 그걸 왜 이렇게 두려워하고 있는지, 그리고 왜 이런 상황에 놓일 수밖에 없었는지 생각하는 것보다 이런 상황에서 어떻게 벗어날 것인지를 생각하는 게 더 중요하다.

내가 처한 상황과 걱정거리를 객관적으로 살피고 대처 방법을 마련하라. 이 과정에서 잠재적으로 앞으로 벌어질 일들을 섣불리 예측하기보다는 시도해 보는 것이 무엇보다 중요하다.

몰입을 위한 조언

- 걱정만 한다고 해서 상황이 바뀌지 않는다.
- 걱정에서 벗어나려면 막연한 걱정을 명확하게 정리하고 객관화해야 한다.
- 나 혼자 안 될 것 같으면 내 걱정을 함께 봐 줄 사람에게 도움을 요청한다.

우울해서 의욕이 없다면
나부터 들여다봐야 한다

행복의 문이 하나 닫히면 다른 문이 열린다.
그러나 우리는 종종 닫힌 문을 멍하니 바라보다가
우리를 향해 열린 문을 보지 못한다.

헬렌 켈러

우울은 의욕을 떨어트려서 하고 싶은 활동에 몰입하는 것 자체를 차단한다. 나는 상담을 하면서 자신이 언제부터 우울했는지도 모를 정도로 오랜 기간 우울한 내담자들을 만나곤 한다. 이들은 몰입이라는 생산적이고 창의적인 경험을 하기는커녕 하루하루 살아가는 것 자체가 끔찍하다고 느낀다.

우울한 사람에게 기분을 물어보면 '그저 그래요'라는 말이 되돌아오는 경우가 종종 있다. 기분은 매우 주관적이며 자신만의 것이다 보니 남들이 어떤 기분을 느끼며 사는지 알기 어렵다. 우리는 남이 돼 남의 기분을 느껴 볼 수 없기 때문이다. 그러니 이렇게 오래도록 우울한 기분으로 살아온 경우, 우울하지 않은 상태는 어떤 것인지 모른다. 자신의 기분이 얼마나 우울한지, 그 이유는 무엇인지를 깨닫기 어려운 것이다. 그렇다면 나의 우울한 느낌을 알아채고 벗어날 수 있는 방법들에는 무엇이 있을까?

우울감과
우울증은 다르다

제일 먼저 보통 사람들이 느낄 수 있는 '우울감'과 '우울증'은 다르다는 것을 알아야 한다. 이 둘의 차이는 기분의 크기와 범위다.

일반인들도 느끼는 우울감은 대개 특정 사건에서의 좌절이나 실패에서 비롯된다. 흔히 내가 좋아하는 일을 하면 기분이 나아지는 수준이다. 예를 들면 노래방을 가고, 쇼핑을 하고, 친구를 만나고, 여행을 가면 기분이 전환되는 것이다.

그렇다면 우울증은 어떨까. '로또에 맞고 아무것도 하고 싶은 게 없다면 우울증이다'라는 말이 있다. 이는 심각한 욕구의 저하를 의미한다. 대개는 만사가 다 귀찮고 아무것도 할 엄두가 나지 않는 상황을 말한다. 이렇게 장애 수준의 우울증이 찾아왔다면 기분을 전환할 노력조차 할 수 없어 자괴감, 불편함 같은 부정적 감정을 느끼게 된다.

우울이 장애 수준에 이르렀다면 혼자의 힘으로 우울에서 벗어나기란 매우 어렵다. 흔히 남들의 도움이 꼭 필요한 상황인데도 개인이 마음먹기에 따라 변할 수 있다고 믿는 사람들이 있다. 하지만 이런저런 활동들을 했음에도 우울한 기분이 도저히 나아지지 않는다면 당신도 우울증의 초입에 있는 건 아닌지 의심해 보는 게 좋겠다.

아직 자신의 우울이 얼마나 심각한지 감이 잘 오지 않는다면 우선 기분을 전환할 수 있는 다음의 행동들을 시도해 보자.

없던 의욕도 살리는 간단한 방법

의욕을 살리는 대표적인 방법 중 하나는 남들과 비슷한 일상을 유지하는 것이다. 만약 직장이나 학교를 다니지 않는다면 일단 내 연령대의 사람들이 일어나는 시간에 맞춰 하루를 시작해 보자.

해가 떠 있는 시간에 일을 하거나 공부를 하고, 점심시간에 맞춰 식사를 하고, 오후 일과를 이어 하며, 집에 돌아와 저녁 식사를 하거나 친구들과 술자리를 가진다. 만남이 없는 경우에는 집에서 혼자 드라마, 책을 보면서 휴식을 취한다. 그리고 10시~12시경에 잠들고 7~8시간 후에 일어난다. 어떤가? 당신은 이런 생활을 무리 없이 유지하는 게 가능한가? 그렇다면 어쩌다 우울해질 수는 있을지언정 우울증이라고 보기는 어려울 수 있다.

우울증은 일상 기능을 유지할 수 없을 정도로 부정적인 기분이 생활 전반을 지배하는 경우를 말한다. 만일 당신이 아무런 의욕이나 흥미가 없고 평범한 일상을 전혀 유지할 수 없다면, 일단 아침에 일어나 무조건 바깥으로 나가기를 권한다. 바깥으로 나가서 신선한 공기와 햇살을 맞고 아침을 시작하는 냄새를 맡아 보라. 여러 가지 자극들로 몸을 일깨우는 작업이 제대로 이루어져야 한다. 만약 이럴 힘조차 없는 경우라면 누군가의 도움을 받아서라도 의욕을 일깨우는 일이 꼭 필요하다.

사람은 우울할 수 있다. 우울이 찾아오는 여러 가지 이유 중 하나는 내가 어떤 사람인지를 돌아보는 기회를 스스로에게 주기 위해서 이기도 하다. 단, 앞서 제시한 방법 중 아무것도 할 만한 생각이나 의욕이 생기지 않는다면 전문가의 도움을 받아 보기를 권한다.

몰입을 위한 조언

- 우울감과 우울증은 그 무게와 범위가 다르다.
- 좋아하는 일, 기분 전환을 통해서 나아지면 우울감이다. 그러나 일상 생활이 안 될 정도라면 전문가의 도움을 받자.

분노는 욕구가
충족되지 못했다는 신호다

누구나 화를 낼 수 있다. 이는 매우 쉬운 일이다.
그러나 적절한 사람에게, 적절한 시간에, 적절한 정도로,
적절한 목적으로, 적절한 방법 안에서 화를 내기는 대단히 어렵다.

아리스토텔레스

앞서 걱정과 우울이 몰입에 미치는 영향을 살펴봤다. 일상에서 자주 접하게 되는 감정은 또 뭐가 있을까? 살면서 자주 마주하는 감정 중 하나는 분노다. 사람들과 어울려 살면서 화가 나지 않기는 어렵다. 그리고 화를 '잘' 내서 우리 삶에 유익하게 적용하는 일은 더욱 어렵다.

우리가 경험하는 감정들은 모두 그 나름의 적응적인 기능이 있다. 화의 적응적인 기능은 무엇일까? 보통 누군가가 매우 화가 나 있으

면 주변에 있는 사람들이 화난 사람의 눈치를 살피며 자리를 피하거나, 시간이 지나고 '넌 왜 그리 감정적이냐', '왜 이렇게 예민하냐'며 비난하기도 한다. 어찌 됐든 화를 겉으로 표현하는 사람이 갈등을 회피하기 위해 화를 감추는 사람들보다는 문제를 해결하기가 더욱 수월하다.

화를 속으로 삭이는 사람들은 자신의 감정을 밖으로 드러내기를 어려워한다. 겉으로는 웃지만 마음속에서는 부글부글 끓고 있는 것이다. 심지어 자신이 화가 난 줄도 모르고 엉뚱한 방식으로 문제를 풀어 나가는 경우도 있다. 그리고 시간이 한참 지나면 이런 상상을 하며 괴로워한다.

'그때 나도 참지 말았어야 했는데.'

이들은 지나간 일에 온 신경을 쏟느라 정작 눈앞의 일에는 전혀 집중하지 못하는 경우가 많다.

그렇다면 이런 후회가 반복적으로 떠오르며 나를 괴롭히는 이유는 뭘까? 나를 화나게 했던 사건이 표면적으로는 이미 지나간 일일지라도 나의 마음속에서는 여전히 아무것도 해결되지 않은 채로 쌓여 있기 때문이다.

화 속에
나의 억눌린 욕구가 숨어 있다

화가 났다는 건 내가 원하는 것들이 제대로 충족되지 못했다는 뜻
이다. 그런 면에서 화는 흥미로운 감정이라고 할 수 있다. 불안감,
우울감은 자기 반성적인 기능을 하는 것과 달리 분노감은 자기 보호
적인 기능을 하기 때문이다.

사람마다 화를 경험하는 방식도 다르고 표현하는 방식도 다르다.
사소한 일로도 사생결단할 것처럼 화내는 사람이 있고, 아주 중요한
일이 마음대로 되지 않는 상황도 잘 수용하는 사람이 있다. 바깥으
로 터뜨리면서 불같이 화내는 사람도 있고, 안으로 삭이면서 조용하
고 차분하게 화내는 사람도 있다. 남에게 화내는 사람도 있고, 자기
자신에게 화내는 사람도 있다. 그리고 자신이 화난 걸 모르는 사람
도 있고, 자신이 화난 진짜 이유는 내버려 둔 채 엉뚱한 대상에게 화
풀이를 하는 사람도 있다.

자기 안에서 발생한 화를 효율적으로 해소하지 못하면 자신을 상
하게 하거나 남을 상하게 한다. 말 그대로 화는 잘 쓰면 약이고 못
쓰면 독이 되는 감정이다. 각자 화나는 사건이 다르고 화를 표현하
는 수단도 다르지만 화를 건강하게 해결하지 못했을 때의 결과는 대

개 부정적이다. 그리고 화를 건강하게 해결하는 방법은 큰 틀에서 유사하다.

화는 대개 충족되지 못한 욕구에서 비롯된다. 더불어 원하는 것이 이루어지지 않으면 미해결 과제로 남아 반복적으로 떠오르게 된다. 평소에는 별것 아니라고 생각한 일인데도 막상 두고두고 떠오르며 화가 나는 경우가 있다. 그것은 중요하지 않다고 생각한 일이 사실 자신이 생각했던 것보다 훨씬 중요했다는 뜻이다.

보다 복잡한 경우도 있다. 왠지 화는 나는데 왜 화가 나는지 잘 모르겠는 경우다. 이때는 제일 먼저 자신의 컨디션을 먼저 점검해 보기를 바란다. 잠은 잤는지, 배가 고프지는 않은지, 최근 들어 스트레스가 많지는 않았는지 말이다. 자신의 신체적, 심리적 컨디션이 좋지 않은 상황이라면 당연히 사소한 자극에도 쉬이 화가 나게 마련이다. 이런 경우 엉뚱한 대상에게 화풀이를 하거나 자신의 화로 다른 사람들을 이용하려 하지 않는 게 중요한 과제가 된다. 화를 조절하지 못하면 언젠가는 그 대가를 치르게 되기 때문이다.

대인 관계에서 남들이 나를 무시해서 화가 난다는 사람들이 있다. 엄밀히 말하면 존중받고 싶은 욕구가 충족되지 못해서 화가 나는 것이다. 이처럼 표면적인 이유보다는 화 밑에 깔려 있는 나의 욕구를 들여다보는 것이 더 중요하다.

　내가 화난 이유를 비난하고 내 감정과 욕구를 인정하지 않는 사람을 조심하라. 이들은 '길 가는 사람을 잡고 물어봐라'라는 식으로 당신의 욕구를 대중의 견해에 묻어 무시하려는 사람들이다. 이들은 나의 감정을 수긍해 주지도, 내 편이 돼 주지도 않는다.

몰입을 위한 조언

- 화는 자기 보호적이고 매우 적극적인 감정이다.
- 화가 났다는 것은 나의 욕구가 채워지지 못했다는 의미다.
- 화가 나는 표면적인 이유보다 내 안에 충족되지 못한 욕구가 무엇인지 아는 것이 중요하다.

산만한 사람도
정해진 시간만큼 몰입하는 법

집중력은 마음의 근육이다.
사람은 집중하는 습관을 들임으로써
마음의 근육을 발달시킬 수 있다.

대니얼 골먼

나에게 몰입하기 위해서는 어느 정도 타고난 자원이 필요한 것은 분명하다. 선천적으로 몰입을 잘하는 사람들도 분명히 존재하는 것 같다. 그러나 이런 이야기를 하는 이유가 인생이 결정됐다는 말을 하기 위함은 아니다. 오히려 사람마다 타고난 자원이 다르고 활용할 수 있는 것도 다르다는 이야기를 하려고 한다.

선천적으로 거의 모든 영역, 모든 상황에 집중력을 발휘하지 못하는 주의력 결핍 과잉 행동 장애(ADHD)를 겪는 사람도 있다. 흔히 ADHD는 어린이에게만 있다고 여기는 경우가 많다. 하지만 성인 ADHD도 존재한다. 어른이 되면서 겉으로 보이는 크고 산만한 행동은 어느 정도 줄어들지만 여전히 부주의하고 집중하기 어려운 사람이 많다.

ADHD를 겪지 않지만 집중하기 어려워하는 사람도 있다. 하기 싫은 일은 5분도 못 견디지만 자신이 좋아하는 일은 몇 시간이고 몰두하는 사람도 있다. 이런 사람들은 자신이 원하는 일에는 푹 빠져서 누군가 자신을 불러도 못 듣고, 밥 먹을 시간도 까먹으며 일상적인 생활을 하지 못하기도 한다. 정신 현상으로는 몰입이지만 한편으로는 주의 집중 전환의 어려움으로 볼 수도 있다.

주의를 전환할 수 있는
스위치를 마련하라

동전의 양면처럼 한쪽에 긍정적인 면이 있다면 다른 한쪽에 부정적인 면이 있다. 어떤 때는 집중과 몰입이 잘 되다가 어떤 때는 잘 되지 않으면 당사자도 힘들고 주변 사람들의 오해를 사게 된다. 이를 지켜보는 입장에서는 자신과의 대화에는 관심을 기울이지 않다가 다른 일에는 온 정신을 쏟고 있는 것처럼 느껴진다. 그러다 보니 주의를 전환하는 능력이 없다면 오해를 사기 쉬운 것이다.

한 가지 일에 꽂혀 다른 사람의 말을 못 듣는 사람에게는 다양한 주의 전환 전략이 필요하다. 알람 시계, 타이머, 타임 큐브 등을 이용해서 주기적으로 주의를 전환하는 노력이 필요하다.

몰입을 한다는 것은 매우 훌륭하고 즐거운 경험이지만 잘못된 방향으로 몰입하거나 일정 수준을 넘어가면 부작용이 만만치 않다. 그래서 정해진 시간만큼 몰입하고 정해진 시간만큼 주의를 전환하는 노력이 필요하다.

어떤 사람이든 잘 몰입하기 위해서는 기본적으로 신체적인 컨디션이 좋아야 하고 우울감이나 불안감, 분노감, 무기력감과 같은 부정적인 감정 상태에서 벗어나야 하며, 지금 하고 있는 과제들에 대한 흥미도 일정 수준 이상이어야 한다. 더불어 당면한 과제들을 끝까지 해 나가고 싶다는 동기도 유지돼야 하고 주변의 여건이나 환경도 뒷받침이 돼야 한다. 여기 언급한 내용 중 하나라도 제대로 갖춰지지 않을 때 집중이나 몰입에 어려움을 겪는 것이다.

중요한 일을 할 때는 몰입의 상태가 번갈아 나타나기도 한다. 예를 들어 그렇게 재미없는 9시 뉴스도 시험공부를 할 땐 재미있게 느껴진다. 세상 관심 없던 것들도 시험공부보다는 낫다고 여기기 때문이다. 그러다가 시험 날이 다가오면 '하루만 더 일찍 공부를 시작했으면 좋았을 텐데' 하는 후회를 한다.

몰입에 필요한 건 주의 집중력과 더불어 과제에 대한 흥미, 그걸 지속하도록 돕는 환경이다. 과제에 행복하게 몰입하기 위해서는 당연히 준비가 필요하다. 물건을 사기 위해 돈이 필요하고 식사를 하기 위해 음식을 준비해야 하듯이 몰입을 위해서도 여러 가지 준비가 필수다.

선천적으로 몰입하기 좋은 뇌 구조가 있다고 쳐도 그 외에 내가 조절할 수 있는 것들은 얼마든지 있다. 스스로 잘 몰입할 수 있는 과제를 고르고, 내가 집중하기 좋은 시간을 선택하고, 집중을 방해하는 여러 가지 환경적인 요소를 제거한 채 몰입이 내게 찾아올 수 있도록 기다리자. 기다림이 수동적으로 느껴질 수 있으나 '왜 몰입이 안 되지?'라는 걱정이 오히려 몰입을 방해하기도 한다.

몰입을 위한 조언

- 집중과 몰입도 일정 부분 유리하게 타고나는 사람들이 있다. 그러나

타고나지 않더라도 몰입할 수 있는 환경을 만든다면 얼마든지 몰입을 잘할 수 있다.

누군가에게
인정받지 못해도 괜찮다

인정받고자 하는 욕구는 우리 모두에게 존재한다.
이를 무시하는 것은 산소의 존재나 필요성을 무시하는 것이다.

하인즈 코헛

심리학 전공자 또는 인접 학문을 배우는 사람들이 빠짐없이 배우는 내용 중의 하나가 에이브러햄 매슬로의 욕구 위계 이론이다. 이 이론은 인간에게 다양한 욕구가 있다는 것을 전제한다. 욕구들에 단계가 있고 일부 예외적인 경우를 제외하고는 하위의 욕구가 충족돼야만 상위의 욕구가 충족된다.

가장 하위에 있는 생리적 욕구는 허기나 갈증, 배변처럼 생명을 유지하기 위해 필요한 가장 기본적인 욕구를 말한다. 그다음 안전의 욕구는 위험으로부터 자신을 보호하려는 욕구이다.

생리적 욕구와 안전 욕구는 생존에 필요한 가장 기초적인 욕구이므로 충족되지 않으면 심각한 문제가 발생되지만, 충족된다고 해서 만족감을 강하게 느끼지는 못한다. 마치 우리가 늘 숨을 쉬면서 공기의 고마움을 생각하지 못하는 것과 같다. 그래서 결핍의 욕구라고 부르기도 한다.

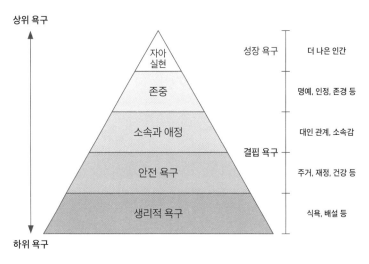

매슬로의 욕구 위계 이론(Maslow, 1943)

소속과 애정의 욕구는 사람들과 친밀한 관계를 맺고 원하는 집단에 소속되기를 바라는 욕구다. 존중의 욕구는 사람들과 친하게 지내고 싶어 하는 마음의 기초가 되는 욕구로 자신감, 성취, 존중, 존경 등을 바라는 마음이다. 끝으로 자아실현 욕구는 뭔가를 알고 이해하려는 욕구, 심미적인 욕구 등으로 계속 발전하고 싶고 잠재력을 최대한 발휘하려는 욕구다.

상위의 욕구들을 이해하기 위해서는 사람들이 왜 어울려 살아야 하는지에 대한 이해가 필요하다.

우리는 왜
남에게 잘 보이고 싶을까?

사람은 왜 다른 사람과 어울려 살아야 할까? 우선 과거에는 함께 살아가는 것이 그만큼 생존에 유리했다. 위험한 맹수들로부터 신변을 지키는 일도, 힘을 합쳐 사냥을 하거나 주변 부족과 전쟁을 하는 일도 혼자서는 할 수 없는 일들이다. 나 아닌 다른 존재들과 함께 살아간다는 것은 많은 에너지가 요구되지만 그만큼 적응과 생존에 많은 도움을 주기도 한다.

더불어 타인과 어울리다 보면 자연스럽게 개인이 가진 능력과 위치에 따라 그룹이 갈리게 된다. 본연의 능력뿐만 아니라 남들과 자신의 위상을 비교하고, 그들과 함께할지 혹은 거부하고 자신만의 길을 갈지를 결정해야 하는 때가 다가오는 것이다.

어떤 사람들은 타인으로부터 인정과 존경을 받지 못하는 것을 죽음보다 더한 일로 느끼기도 한다. 대중의 인정과 관심이 줄어들어 자살하는 유명인들의 사례가 여기에 해당된다. 이런 현상은 매슬로의 이론으로는 설명할 수 없는 지점처럼 보인다. 상위의 욕구가 충족되지 못하면 가장 기본적인 하위의 욕구까지 저버리는 것이다. 그러니 이들에게는 타인에게 자신을 잘 드러내는 것은 매우 중요한 일이 된다.

실제로 남들에게 잘 보이도록 자신을 포장하면 그만큼 생존에 유리해지기도 한다. 타인과 잘 어울릴수록 무리를 이루는 것이 보다 유리하기 때문이다. 그러나 거의 모든 일이 그렇듯 잘 보이고 싶은 욕구에도 양면이 존재한다. 앞서 말했듯이 더불어 살려면 남들의 눈치를 살피고 헤아리는 것이 당연하다. 반면 필연적으로 경쟁해야 할 때도 있고 경쟁에서 이겨야 다른 사람보다 우위를 점하게 되는 것도 당연하다. 잘 보이고 싶고 미움받고 싶지 않은 마음에는 궁극적으로는 타인을 내 마음대로 조종하고 싶은 마음도 있다.

그러나 나도 내 마음을 잘 모르는데 다른 사람들의 마음을 이해하고 움직이는 일은 쉽지 않다. 우리는 다른 사람의 마음을 100퍼센트 이해하지 못한다는 사실을 아는 것이 중요하다. 그 마음을 알지도 못하는데 사람의 마음을 어떻게 바꾼단 말인가.

몰입을 위한 조언

- 사람들과 잘 지내는 것은 중요하지만 내 삶의 방향을 아는 것이 우선이다.
- 저마다 필요한 칭찬과 인정, 사랑은 모두 다르다.

당신이 마음 편하게
쉬지 못하는 이유

때때로 손에서 일을 놓고 휴식을 취해야 한다.
잠시 일에서 벗어나 거리를 두고 보면
자기 삶의 조화로운 균형이 어떻게 깨져 있는지 분명히 보인다.

레오나르도 다 빈치

잠시도 가만히 있지 못하는 사람들이 있다. 이들은 심지어 쉬는 날에도 충분히 휴식을 취하지 못한 채 안절부절못한다. 초중고를 거쳐 대학교를 졸업하고 바로 취업해 몇 년간 성실히 일하는 사람들, 단 한순간도 마음 편히 쉬어 보지 못하고 내내 뭔가를 해야만 직성이 풀리는 사람들 말이다.

살다 보면 중요한 일들이 한꺼번에 찾아와서 몹시 분주해질 때가 있다. 만약 그동안 준비를 잘 해 왔던 일이거나 심한 스트레스가 없는 상황이라면 이런 분주함은 오히려 과제들을 잘 수행할 수 있도록 돕는다. 약간의 긴장감이 극도의 효율을 불러일으키기 때문이다. 그러나 준비가 부족하거나, 긴장의 도가 지나치거나, 심리적 또는 신체적으로 피로가 쌓인 상태에서는 주어진 일들을 제대로 해내지 못하는 경우가 많다.

그럼에도 수많은 과제를 효율적으로 해냈다면 각각의 일에 상당히 몰입했을 가능성이 높다. 그러나 사람의 에너지에는 한계가 있다. 기계도 중간중간 열을 식혀야 오래 작동하는데, 사람이 쉬지 않고 계속 일하게 되면 어떻게 될까? 어느 순간부터 실수가 급속도로 늘어날 수밖에 없다.

'이 고비만 넘기면 좀 더 쉬자.'
'이 일까지만 끝내면 쉴 수 있을 거야.'

이렇게 생각하기 시작하면 막상 쉴 수 있는 시간이 와도 제대로 쉬지 못하는 경우가 흔하다. 일하는 것도 아니고 쉬는 것도 아닌 매우 애매한 상태가 되는 것이다.

왜 일할 땐 놀고 싶고,
놀 땐 일이 걱정될까

몰입은 쉴 때나 일할 때나 중요하다. 만약 내가 원할 때마다 몰입할 수 없다면 삶의 효율이 떨어진다. 집중해서 일해야 할 땐 그간 누적된 피로와 스트레스로 말미암아 '쉬고 싶다'는 생각에 사로잡힌다. 정작 휴일에는 그동안 미뤘던 일들을 해야만 할 것 같은 강박에 사로잡힌다.

어디서 많이 본 상황 같지 않은가. 학창 시절에 영어 시간에는 수학 공부를 하고, 국어 시간에는 영어 공부를 하던 모습과 매우 닮아 있다. 효율이 떨어지는 과제 수행 방식인 것이다. 제시간에 했어야 할 일을 또 다른 일을 미뤄 가며 하다 보니 투여한 노력과 시간에 비해 성과가 좋지 못한 경우가 태반이다.

심지어는 쉬는 날에도 '최선을 다해' 놀아야 할 것 같은 느낌을 받기도 한다. 여행을 가서도 자신의 체력은 고려하지 않고 전투적으로 노는 경우를 보게 된다. 마치 내일은 없는 것처럼, 다시는 쉴 수 없는 사람처럼 너무나 무리하게 여행 코스를 짜고 빈틈없이 뭔가를 하려는 모습을 보게 된다. 그러니 마음의 여유가 없는 여행이 정말 즐거울까? 결국 매사에 긴장돼 있고 모든 것을 잘 해내야 한다는 마음이 몰입을 방해하는 것이다.

이런 모습은 모든 일에 최선을 다해야 한다는 교육의 부작용일 것이다. 쉬어야 할 때 쉬지 못하는 것 자체에서 이미 심리적으로 무리하고 있는 것이다. 만약 내가 정말 좋아하는 일이라면 할지 말지 망설이지 않을 것이다. 특정한 사건에 망설임이 생긴다는 자체가 이미 양가감정이 형성되고 있다는 뜻이다.

잘 몰입하려면 내가 이 일을 잘 해낼 수 있으리라는 믿음이 꼭 필요하다. 그리고 일정 수준 이상의 심리적, 신체적 조건이 뒷받침돼야 한다. 그래야 비로소 우리가 생각하는 가장 이상적인 몰입 상태에 도달하게 된다.

가끔은 나의 존재만으로도 충분하다

휴식을 휴식으로 받아들이지 못하는 사람들에게는 공통점이 있다. 일단 이들은 여러 가지 심리적인 스트레스가 쌓이면 일로 도피

한다. 일에서 칭찬과 인정을 받는 것이다. 혹은 평소에 있는 그대로의 내 모습을 인정받지 못한 경우도 있다. 이들은 오직 행동을 하고, 성취를 하고, 잠시도 가만히 있지 못하며 뭔가를 해야 할 때 가치를 인정받아 온 사람들이다.

흔히 어르신들이 소일거리를 하며 '놀면 뭐 하나, 이거라도 해야지'라고 말하는 경우를 본다. 실제로 꼼지락거리면서 뭔가를 해야 시간이 더 잘 지나가기도 한다. 이때 얻는 다른 사람들의 칭찬과 보상은 보너스다.

그러나 제대로 쉬지도 못하고 일만 하는 것에는 부작용이 있다. 주변에 이러한 강박이 불러오는 폐해를 알려 주는 사람이 있다면 좋겠지만 드물다. 보통 쉬는 법을 잘 모르는 사람은 '부지런하고 열심히 사는 사람'이라는 평판을 긍정적인 보상으로 인식하며 자신의 가치를 확인하려 한다.

나의 쓸모는 무엇으로 결정되는가? 뭔가를 성취하고 이루어야만 얻어지는 걸까? 아니면, 그냥 나라는 존재 자체로도 얻을 수 있을까? 당연히 둘 다에서 비롯된다.

다만, 나라는 존재 자체로 얻어지는 것보다 무언가를 잘 해내야만 나의 가치감이 결정된다는 생각이 더 크게 든다면 잠시 멈춰야 한다. 진정한 휴식과 여유로움을 돌아볼 수 없는 지경에 이른 것이기 때문이다. 가끔은 나의 존재만으로도 충분하다.

몰입을 위한 조언

- 일과 휴식은 서로 뗄 수 없는 존재다.
- 나의 쓸모는 꼭 뭔가를 잘하는 것으로만 결정되지 않는다.

어찌할 수 없는 감정은
흘러가도록 둬라

우리들은 상처보다 더 자주 오싹하는 공포에 사로잡힌다.
그 이유는 우리들의 고뇌란 것이
현실보다도 공상이나 환상에서 많이 생기기 때문이다.

세네카

잠을 자려고 불을 끄고 누웠는데 예전의 수치스러웠던 기억들과 이런저런 실수들이 불쑥 떠올랐던 경험이 있는가? 아마 부끄러움에 이불을 걷어찼을 것이다. 우리는 왜 이렇게 과거에 신경 쓰는 걸까? 왜 자꾸 원치 않는 생각들이 떠오를까?

기분이나 생각은 외부 자극에 따라 유동적으로 변한다. 일례로 우울한 사람들은 하루 중 자고 일어났을 때 우울감이 가장 심하다고 알려져 있다. 기분에 영향을 미치는 요소는 여러 가지가 있겠지만,

그중 한 가지는 외부 자극이 줄어든 데에 있다. 낮에는 일정 수준 이상의 빛, 소음, 전화, 메시지 등의 자극이 우울한 기분에 완전히 함몰되지 않도록 막아 준다. 하지만 자고 일어난 직후에는 이런 자극들이 충분하지 못한 것이다.

그럼 밤에는 어떨까? 아동기에나 성인기에나 사람은 불을 끄자마자 수면 호르몬이 분비되기 시작한다고 알려져 있다. 그러니 보통의 경우라면 불을 끄고 바로 잠들 것이다. 그런데 청소년기는 조금 다르다. 불을 끄고 한 시간쯤 후부터 수면 호르몬이 분비되다 보니 아무래도 쉽게 잠들기 어렵고 이리저리 뒤척이면서 스마트폰을 하거나 상념에 빠지게 된다. 청소년기에는 더욱 잠들지 못하도록 방해하는 환경이 만들어지는 셈이다.

지금 나의 몰입을
방해하는 것의 정체는?

이런 예들을 보면 사람의 마음은 시기나 상황에 따라 달라지고, 발달 단계에 따라서도 달라진다는 것을 알 수 있다. 이처럼 사람의 생각과 마음을 이해하는 게 쉽지 않다.

또한 사람은 다른 사람과 관계를 형성할 때도 적당한 수준의 자극이 유입돼야 마음이 온전하게 작동하도록 진화됐다. 물론 각자 감당할 수 있는 외부 자극의 양은 지능이나 성격 경향, 감정 상태에 따라서 달라지기 마련이다. 그래서 어떤 사람은 너무 심심해서 힘들어하고, 어떤 사람은 외부 자극이 너무 많고 급변해서 혼란스러워한다.

똑같은 자극이라도 컨디션에 따라서 감당할 수 있는 수위가 달라진다. 보통 때는 그냥 지나갈 수 있는 위층의 소음이 시험 기간이나 좀 민감한 시기에는 도저히 견딜 수 없게 되는 것이다.

외부의 자극이 나를 괴롭히든 원치 않는 잡생각이 나를 괴롭히든, 이처럼 부정적인 기억에 사로잡혀 있다면 온전히 나에게 주어진 과제에 몰입하기는 참 힘들다. 아무리 능력이 뛰어나도 나를 방해하는 부정적인 감정이 더 큰 영향을 미치기 때문이다.

따라서 몰입이 안 되고 집중이 안 된다면 가장 먼저 어떤 감정이 나를 방해하고 있는지 살펴야 한다. 할 일은 태산 같은데 일이 손에 잡히지 않는가? 계속 해야 할 일을 미루면서 게임, 술, 노래방, 친구, 메시지에 정신을 쏟고 있지는 않은가?

해결되지 않은 감정을 갖고 과제를 해결하는 일은 마치 100미터 달리기 선수가 발목에 아주 큰 모래주머니를 달고 경기를 뛰는 것과 같다. 시작도 하기 전에 지쳐 버린 것이다. 그러면 아무리 노력해도 제 능력을 충분히 발휘할 수 없다.

감정을 흘려보내는 연습

그렇다면 해결되지 않은 감정은 어떻게 확인할까? 우선 너무나 끔찍한 사건을 경험했다면 그 감정의 크기 또한 커다랗기 때문에 단 한 번의 사건일지라도 몰입을 방해받는다.

반면 기억날 만큼 큰 사건을 겪지는 않았지만 일상에서 마주하는 소소한 스트레스들 때문에 부정적인 감정이 쌓였을 수도 있다. 이유를 알 수는 없지만 왠지 모르게 마음이 복잡하고 속이 시끄러워서 집중하기 어렵다면, 눈에 보이지 않는 마음의 모래주머니를 달고 생활하고 있는 셈이다.

그럼 이런 마음의 모래주머니들을 떨쳐내기 위한 방법에는 무엇이 있을까? 단순히 '생각하지 말아야지' 하며 고개를 도리질해 봐야 시간이 지나면 다시 떠오른다. 취미 생활에 몰두하면서 그런 생각들을 잊기 위해 노력할 수도 있겠지만 이 역시 잠깐 시간을 벌어 줄 뿐 본질적인 해결책은 아니다.

권하고 싶은 방법은 우선 그 일이 내가 바꿀 수 있는지 확인하는 것이다. 인간관계 문제라면 지금이라도 미안하다고 사과해서 해결될 일인지, 화를 내서 감정을 해소할 수 있는 일인지 등을 스스로 판단해 보자. 어떤 행동을 하더라도 나아질 것 같지 않다면 그 감정들이 자연스럽게 흘러가도록 두는 것이다. 20분이든 30분이든 내가 괜찮아질 때까지 머물다가 자연스럽게 사라질 수 있도록 말이다.

몰입을 위한 조언

- 피하고 싶다고 피할 수 있으면 그건 나에게 중요한 사건이 아니다. 마음의 모래주머니는 해소하지 않으면 언젠간 다시 떠오를 것이다.
- 해결되지 않은 감정이 있다면 가만히 흘려보내는 연습이 필요하다.

전부
당신 탓이 아니다

또 실패했는가? 괜찮다.
다시 실행하라.
그리고 더 나은 실패를 하라.

사뮈엘 베케트

나 빼고 다 잘 사는 것처럼 느껴질 때가 있다. 이렇게 느끼는 이유는 도대체 뭘까? 아마 사람들은 자신의 화려하고 행복한 모습은 세상에 보여 주기를 원하고, 반면 자신의 초라한 모습은 바깥으로 드러내려고 하지 않기 때문이다. 일종의 착시 현상이다. 그래서 이런 의문이 들기도 한다.

'나는 왜 지금보다 더 나은 삶을 살지 못하는 걸까?'

사람들은 그 이유를 '세상이 불공평하기 때문'이라고 생각하게 된다. 그렇다면 심리학자들은 공정함을 어떻게 설명할까?

미국의 사회 심리학자 멜빈 러너가 최초로 제안한 '공정한 세상 가설'에 따르면 사람들이 뭔가를 얻은 데에는 마땅한 이유가 있다고 한다. 쉽게 말해서 성공한 사람들이 성공의 원인을 자신의 노력으로 돌리는 경우다. 그러다 보면 자칫 위험할 수도 있는 말을 하게 된다.

'남을 탓하지 말라.'
'네가 네 인생을 결정할 수 있다.'

그러나 성공이란 그 사람의 노력, 환경, 운의 삼박자가 맞아야 이루어지는 것이다. 위와 같은 말에는 개인의 노력에 너무 많은 비중을 뒀다.

성공도 실패도
모두 나 때문이라는 잘못된 믿음

공정한 세상 가설은 세상이 공평하고 우리가 삶을 통제할 수 있다고 믿고 싶은 욕구를 충족한다. 살면서 행하는 숱한 실패, 통제할 수 없는 상황보다는 내가 노력해서 바꿀 수 있다는 내적인 믿음에 집중하는 사고방식이다.

그런데 진짜 그런가? 정말로 내가 실패하면 당연히 실패할 만한 이유가 있는 것이고, 성공하면 성공할 만한 이유가 있다고 할 수 있는 걸까?

성공하는 경우에는 대개 과정이 묻혀 버린다. 이것이 바로 성공한 사람들의 방법들을 그대로 따라 해 봐도 그들과 똑같이 성공하지는 못하는 이유다. 왜냐하면 그 사람의 타고난 능력, 살아온 환경, 그에게만 주어진 운이 나에게도 똑같이 적용될 가능성이 전무하기 때문이다.

그렇다면 실패하는 경우는 어떨까? '잘되면 내 탓, 안 되면 조상 탓'이라는 말도 있지만 공정한 세상 가설에 입각한 세상은 냉혹하기 이를 데 없다. 성공도 내 덕, 실패도 내 덕이다. 따라서 실패하면 다 내 잘못이 되는 것이다.

물론 공정한 세상 가설처럼 세상을 공정한 곳이라고 생각하는 것은 세상을 완전히 예측 불가능한 곳으로 바라보는 것보다 덜 위협적으로 느껴진다. 또한 해결하기 어려운 불안정한 상황에 처할 때 '내가 노력하면 극복할 수 있다'는 동기 부여가 되기도 한다. 내가 노력하기만 하면 주변 환경을 통제할 수 있다고 믿기 때문에 심리적으로 안정감을 느끼는 부분이 분명히 존재한다. 적어도 성공하는 사람들에게는 그렇다.

모든 것이
내 탓일 수는 없다

그러나 인생이 어디 성공으로만 이루어져 있던가? 이 가설대로라면 비극적인 사고의 희생자들에게 공감이나 위로를 건네기보다는 비난하는 말을 건네게 될 것이다.

'나라면 그 비행기에 안 탔어.'
'나라면 그 배에 안 탔어'.
'나라면 그 장소에 가지 않았어.'
'나라면 그런 상황에서 그렇게 행동하지 않아.'

이런 말을 하는 사람에게는 타인이 경험한 사고가 그저 '나라면 그렇게 하지 않았을 일'이자 '나에겐 절대로 일어나지 않을 일'로 여기는 것이다. 하지만 그 누구도 미래를 예측하거나 불의의 사고를 통제할 수 없다.

공정한 세상 가설과 몰입을 연결 지어 생각해 보자. 몰입을 잘하는 사람들이 자신이 몰입을 잘하는 이유를 단순히 '내가 잘해서'라고 여길 수도 있다. 물론 자신의 노력을 스스로 칭찬하는 것이 좋고, 역경을 극복한 경험은 칭송받아 마땅하다. 그렇다면 반대로 몰입을 못하는 사람들은 어떨까? 몰입하지 못하는 이유가 전부 그 사람의 잘못이라고 말할 수 있을까?

우리는 살면서 크고 작은 실패를 경험한다. 그런데 이를 전부 내 잘못이라고 생각한다면 결코 행복해질 수 없다. 평소에 모든 것이 내 잘못 같다고 여기는 사람은 성공하더라도 내가 잘해서 성공했다고 생각하지 않는다.

모든 게 내 잘못처럼 느껴지는 사람들은 자동적으로 '내 탓만 하는 이유'를 생각해 보기를 바란다. 혹시 지금까지 지속적으로 비난받으면서 살아오지는 않았는지, 나를 향한 무분별한 비난을 진실인 양

받아들이지는 않았는지, 일이 잘못되면 전부 자신의 책임이라고 혼동하며 지내 오지는 않았는지 말이다.

몰입을 위한 조언

- 뭐든 잘되려면 개인의 노력, 환경, 운의 삼박자가 잘 맞아야 한다.
- '이게 다 누구 때문'이라는 말에는 힘이 없다. 절대로 그럴 리 없기 때문이다.

3장

✦ ✦ ✦

남과 비교하지 않고
나에게 집중하는 방법

몰입하기 좋은 환경 만들기

내 인생을 이렇게 만든
내가 미워요

너의 길을 가라.
남들이 무엇이라 하든지 내버려 두라.

단테

"내 인생의 주인공은 나잖아요."

이런 말을 하는 사람을 보면 어떤 생각이 드는가? 멋있어 보이는가? 당신 또한 진정 '내 인생의 주인공은 오직 나뿐이다'라는 생각이 드는가? 이 말은 어떻게 보면 정신적으로 매우 건강하고 자율적이고 능동적으로 살아가는 사람의 말처럼 느껴진다. 이런 말은 보통 TV나 신문에 나오는 성공자들의 인터뷰나 서적에서 볼 수 있다. 이처럼 자신의 인생을 자신의 것이라고 당당히 이야기하는 사람들은 대개 자신의 삶을 자랑스럽게 여기고 세상에 드러내고 싶어 하는 경우가 많다. 나는 이렇게 스스로를 대견하게 여기는 이들의 인생도 진심으로 응원한다.

그런데 이렇게 생각해 볼 수도 있다. 만약 이 말을 한 사람이 경제적으로 넉넉하지 않은 가정 환경에서 자라 오랜 기간 동안 우울감을 느껴 왔다면 어떨까?

당신의 우울은
전부 당신의 것이 아니다

우울하지 않은 기분이 어떤 기분인지 모른 채 살아온 사람들도 있다. 이들 중 일부는 식비를 비롯한 모든 생활비를 스스로 감당해야 하는 삶을 살기도 한다. 그래서 정규 교육에서 제공하는 고등학교까지는 어쩔 수 없이 다니고 졸업한 뒤 곧바로 일을 시작하며 자신의 꿈을 포기하는 것이다.

오랫동안 우울을 느껴 온 사람들은 자신이 좋아하는 것과 원하는 것이 무엇인지 생각할 겨를이 없다. 순전히 즐겁고 재미있어서 뭔가를 해 본 경험도 드물다. 그저 먹고살기 위해 주어진 일을 꾸역꾸역 해내고, 밥을 먹을 때도 맛있다는 생각 없이 허기를 메운다는 생각으로 씹어 삼킨다. 이런 인생을 살아온 사람이 '내 인생의 주인공은 나'라는 말을 했다면 어떨까? 여기에 담긴 의미가 능동적이고 자율적인 삶이라고 해석하기는 어려울 것이다.

일부 나라에서는 성인이 되면 자신의 삶을 책임져야 하고 반드시 부모로부터 독립해야 한다고 생각한다. 그런데 태어나서 성인이 될 때까지 부모가 먹여 주고 재워 주기만 하면 나만의 삶을 살 수 있는 사람으로 자라는 걸까? 실제로는 태어나서 스무 살까지의 삶이 어땠는지 그 과정이 중요하다.

"현재 자신의 우울감이나 고통스러운 느낌을 100퍼센트라고 한다면, 당신이 그 느낌에 기여한 바는 몇 퍼센트쯤 될까요?"

태어나서 지금까지 우울하지 않은 기분이 어떤 기분인지조차 모를 정도로 우울하게 살아온 사람들에게 이런 질문을 하면 "100퍼센트요"라는 대답이 돌아온다. 안타깝게도 자신이 인생의 주인공이라는 말을 '현재 자신의 상태에 대한 모든 책임이 있다'고 받아들이는 것이다.

몰입을 위한 조언

- 내 인생의 주인공은 당연히 나다. 그러나 어떤 일의 결과가 안 좋다고 해서 100퍼센트 당신의 탓이라고 할 수 없다.

몰입을 방해하는
자기 비난을 끊어라

내 자신에 대한 자신감을 잃으면
온 세상이 나의 적이 된다.

랄프 왈도 에머슨

대개 '나'를 구성하는 것은 부모의 유전자, 사회 환경, 우연, 자신이 반복하고 있는 선택이다. 나는 심리적인 자기, 나라는 존재가 인생에 미치는 영향이 매우 중요하다고 여긴다. 그리고 내 인생의 주인공이 나 자신이라는 대명제를 부인하지도 않는다. 하지만 그렇다고 해서 인생이 개인의 노력과 운, 행동으로만 이루어지지는 않은 것 같다. 저마다 처한 환경이 다른데, 이를 받아들이는 개인의 마음에 따라 인생은 크게 달라질 수 있다.

절망 어린 목소리로 "내 인생의 주인공은 나잖아요"라고 말하는 사람은 자신이 매우 무가치한 사람이며, 쓸모없고, 자신에게 발생한 모든 불운이 자신의 몫이라고 여기고 있다. 다른 사람들에게 자신의 열등한 모습을 드러내지 않기 위해 끊임없이 스스로를 숨긴다. 자신의 우울감과 열등감, 고통이 드러나면 남들이 자신을 정말 싫어하게 될까 봐 겁을 낸다. 그래서 관계가 가까워질 만하면 도망치기를 반복하며 타인과 끊임없이 거리를 둔다.

그러다 보면 어느 순간에는 나의 감정을 나눌 사람이 없어진다. 심지어 결혼을 약속한 사람, 오랜 기간 알며 지내 온 친구처럼 비교적 가까운 사람에게도 자신의 속내를 터놓지 못하게 된다. 이처럼 자신의 생각이 맞는지 아닌지를 검토할 기회가 차단되면 그다음부터는 악순환이 시작된다. 거절당할까 봐, 끝내 혼자가 될까 봐 두려워서 솔직해질 수 없는 것이다.

당신은 원하는 미래를
선택할 권리가 있다

스스로를 비난하고 이를 남들에게 숨기는 사람에게는 당연히 자신의 마음을 돌보고 위로해 줄 만한 사람이 없다. 게다가 스스로 소진된 마음을 충전하거나 부정적인 정서를 긍정적으로 전환할 기술을 배우지 못해 우울한 기분에서 벗어날 도리가 없다. 결국 '내 인생의 주인공은 나'라는 말이 '망한 인생은 다 내 책임'이 되고 만다.

이 악순환의 고리를 끊어야 한다. 그러기 위해서는 우선 내 잘못과 내 잘못이 아닌 것을 구분하는 연습부터 시작해 보자. 과연 우울한 기분이 내 잘못인가? 그렇지 않다. 그럼 우울한 기분이 지속되도록 두는 나의 선택은 어떤가? 이 역시 내 잘못인가? 당신의 삶에서 벌어지는 모든 일이 다 당신이 선택한 결과라고 생각할 수도 있다. 그러나 스스로를 비난하고 함부로 대하지는 않기를 바란다. 내 인생의 주인이 나라고 해서 인생이 내 마음대로 되지는 않기 때문이다.

자기 비난의
악순환이 생기는 과정

자기 비난에 익숙한 사람들은 자신의 세포를 스스로 파괴하는 자가 면역 질환처럼 스스로를 공격한다. 이렇듯 머릿속을 맴도는 자기 비난은 나를 나로 살 수 없게 만든다. 오히려 절대로 도달할 수 없는

'나 아닌 삶'을 부추기며 끊임없이 괴로워한다.

진정 나로 살고 나답게 살기 위해서는 내가 원하는 것에 귀를 기울이는 연습이 필요하다. 당신의 삶의 주인은 당신이며, 자신이 진정으로 원하는 것을 할 선택권이 있다.

몰입을 위한 조언

- 더 나은 삶을 위한 선택을 하고 싶다면 자기 비난을 멈추고 내 안의 목소리에 귀 기울이는 연습이 필요하다.

사람은 얼마든지
바뀔 수 있다

습관은 제2의 천성이다.

파스칼

'사람 고쳐 쓰는 거 아니다'라는 말을 들어 본 적 있을 것이다. 당신은 이 말을 어떻게 생각하는가? 정말 사람은 바뀌지 않을까? 이처럼 인간은 타고나는 것이 중요한지, 환경의 영향에 따라 변화할 수 있는지에 대한 논쟁은 심리학계의 오랜 화두였다.

미국의 심리학자 존 왓슨은 "나에게 건강한 아기 12명을 주면 의사, 도둑, 예술가, 거지 등 어떤 종류의 사람으로도 만들 수 있다"라고 주장했다. 실제로 행동주의 심리학에서는 환경의 영향력에 초점을 맞추면서 인간을 얼마든지 변화시킬 수 있다고 믿었다.

그러나 이와 반대되는 증거들도 많다. 일례로 미국의 브렐란드 부부는 북미산 너구리인 라쿤에게 저금통에 동전을 넣는 훈련을 실시했다. 반복적으로 굶기고 행동 수정 절차를 거쳤음에도 불구하고 결국 실험은 실패했다. 그 이유는 라쿤이 반짝이는 걸 너무 좋아한 나머지 굶더라도 동전만큼은 절대 내놓지 않았기 때문이다.

이런 실험을 보면 훈련을 통해서 자신이 원하지 않은 일을 진정으로 원하도록 만드는 게 가능할지 의심스럽다. 그리고 그게 가능하다고 해도 그 사람은 과연 행복할까?

인간은 긍정적으로
변화할 수 있다

집현전의 학자 정창손이 세종대왕에게 다음과 같은 말을 했다고 한다.

"지금껏 백성들이 문자를 모르고 교육을 받지 못해서 비루한 짓거리들을 해 온 것이 아닙니다. 시람의 천품은 교육으로 고쳐질 수 있는 것이 아닙니다."

그러자 세종대왕이 매우 심하게 화를 내며 말했다고 한다.

"감히 어디서 과인의 백성을 능멸하느냐! 백성의 천품이 교화될 수 없다면 정치는 왜 해? 단지 백성 위에 군림하면서 권세를 누리기 위해서인가!"

세종대왕이 재위 중 가장 크게 화를 낸 순간이라고도 알려져 있다. 사람은 정말 고쳐 쓸 수 있을까? 극적으로 바뀐 사람들의 예는 간혹 있다. 다만 우리가 기대하는 변화를 이렇게 비유해 보자. 수박은 수박대로 가치 있고, 호박은 호박대로 가치 있다. 만약 수박이 호박으로, 호박이 수박으로 바뀌는 것으로 기대한다면 아마 변화에 대한 기대는 큰 실망으로 되돌아올 것이다. 그러나 덜 익은 수박이 맛있는 수박으로, 애호박이 늙은 호박으로 바뀌는 것을 기대한다면 그것은 적정한 기대일 것이다.

그렇다면 타고난 것까지 모두 바꿀 수 있을까? 아마 그렇지는 않을 것이다. 타고난 재능을 가진 사람들이 부러울 수 있다. 하지만 무엇보다 중요한 것은 스스로에게 있다. 너무나도 당연해서 알아차리지 못한 자신의 재능을 찾아내고, 또 그 재능에 걸맞은 노력을 충분히 하는 것이 그 무엇보다 값지다.

우리는 얼마나 남의 재능과 성취를 부러워하며 시간을 낭비하는가? 그들의 재능과 기회를 부러워만 하는 것도 선택이고, 나에게 주어진 재능과 기회를 찾아내서 최적의 노력을 기울이는 것도 선택이다. 당신은 어떤 선택을 하고 싶은가?

몰입을 위한 조언

- 사람은 훈련과 연습으로 변화할 수 있다.

자존감과 자기 효능감이 몰입도를 높인다

너 자신이 돼라.
이미 다른 사람은 있으니까.

오스카 와일드

미국의 심리학자 나다니엘 브랜든은 《자존감의 여섯 기둥》이라는 책에서 자신의 존엄성과 가치를 경험하는 것을 '자기 존중감'으로, 건강한 자존감과 관련 있는 기본적인 힘이나 능력을 경험하는 것을 '자기 효능감'으로 명명했다. 두 개념 모두 '쓸모 있음'과 관련돼 있다.

나는 쓸모 있는 존재인가? 혹시 나를 원하는 사람이 어디에도 없고, 나는 어디에도 어울리지 않는다는 느낌을 경험해 본 적 있는가?

이런 느낌에서 벗어나기 위해 노력해도 시간이 지나면 다시 쓸모없는 나로 돌아갈 것 같은 두려움이 들지는 않는가. 나의 쓸모의 근거는 어디에서, 누구로부터, 무엇으로부터 정해질까? 이런 느낌이 어디서 비롯되는지 알아야 삶을 바꾸든, 받아들이든 스스로 선택할 수 있을 것이다.

'최선을 다하라'라는 말을 인생의 모토로 삼으면서 죽도록 노력하는 사람들이 있다. 그런데 내가 노력하는 대로, 최선을 다하는 대로 나의 가치가 결정될까? 아마도 아닌 것 같다. 왜냐하면 번지수가 틀렸기 때문이다.

한 번쯤은 심각하게 고민해 보자. 나의 가치는 무엇으로 결정될까? 심리학에서는 나의 가치를 결정하는 요소로 크게 두 가지를 꼽는다. 바로 '자존감'과 '자기 효능감'이다.

나의 존재만으로도
충분하다는 생각, 자존감

먼저 지존감이란 자아 존중감을 줄인 말로, 미국의 의사이자 철학자인 윌리엄 제임스가 1890년대에 처음 사용한 말이다. 자기 자신을 충분히 사랑받을 만한 가치가 있는 소중한 존재로 여길수록 자존감이 높다.

자존감은 매우 주관적인 개념이다. 흔히 자존심과 혼동하는 경우가 있으나 둘은 아예 다른 말이다. 문맥적으로 '자존심이 강하다'는 말은 '열등감이 강하다'는 말과 일맥상통한다.

기본적으로 자존감은 '나는 참 괜찮은 사람이다'라는 주관적인 인식에서 비롯된다. 이런 나에 대한 긍정적인 인식은 부모, 친구들로부터 칭찬을 받는 경험보다는 있는 그대로의 내가 받아들여지는 경험이 많을수록 생긴다. 그 덕분에 높은 자존감이 만들어졌을 가능성이 높다.

일상생활 전반에서 내가 뭔가를 능숙하게 해내지 못해도 있는 그대로의 모습을 받아들여 주고 내가 정말 힘들 때, 잘못을 저질렀을 때 나를 견뎌 주는 사람들이 인생에 많으면 많을수록 자존감이 높아질 것이다.

하지만 아쉽게도 이런 귀인들이 인생에 꼭 존재하는 것은 아니다. 그래서 나의 가치를 결정하는 두 번째 요소인 자기 효능감에서 자신의 가치를 전적으로 찾으려는 경우가 있다.

나는 해낼 수 있다는 믿음, 자기 효능감

'나는 꽤 괜찮은 사람'이라는 인식을 유지하려면 그렇게 되기 위해 의식적으로 노력할 필요가 있다. 더불어 객관적으로 정말로 내가 괜찮은 사람임을 입증해 주는 결과들도 필요하다.

자기 효능감은 캐나다의 심리학자 앨버트 밴듀라가 제시한 개념으로 어떤 특정 행동과 그 행동을 스스로 수행할 수 있다고 믿는 역량에 대한 인식을 말한다. 내가 뭔가를 잘해서 결과가 만들어지는 것, 맥락이나 상황에 맞게 특정 영역에서 잘하리라는 자신에 대한 기대와 믿음이다.

어떤 사람은 자신의 성공 경험에 계속해서 매달리고 성취하는 것만이 살 길이라고 여긴다. 자신의 불안이 마치 뭔가를 하지 않아서 생겼다고 생각하기 때문이다. 그러나 과연 그 생각이 맞을까? 처음에는 100미터를 달리다가 더 나아가 1킬로미터, 더 나아가 10킬로미터를 달리며 끊임없이 성취를 갈구한다. 하지만 이렇게 외적인 성취를 이루는 것에는 분명한 한계가 있다. 우리는 그야말로 '유한한 존재'인 것이다.

자존감이 높은 사람은 스스로를 매우 귀하게 여긴다. 자기 효능감이 높은 사람은 자신이 많은 것을 해낼 수 있다고 믿는다. 그리고 이런 사람들은 몰입도 잘한다.

몰입을 위한 조언

- 자존감은 존재 자체로 긍정할 수 있는지로 결정된다.
- 자기 효능감은 잘할 수 있다는 기대감과 믿음이 쌓이면 커진다.
- 자존감과 자기 효능감은 당신의 삶을 지탱해 주는 필수 요소다.

내 삶에 몰입하는 사람들의
세 가지 특징

나는 내 환경의 산물이 아니라
내 선택의 산물이다.

스티븐 코비

누구나 학창 시절에 전교 1등을 부러워해 본 적이 있을 것이다. 그리고 1등의 공부 방법을 그대로 따라 해 보면 나도 공부를 잘하게 되지 않을까 하는 상상도 해 봤을 것이다. 마찬가지로 몰입을 잘하는 사람들의 경험을 따라 할 수 있다면 스스로에게 더 잘 몰입할 수 있게 되지 않을까? 지금까지 다른 사람들이 이룬 성과와 결실을 부러워만 했다면 이제부터는 그들의 몰입 과정을 한번 살펴보고 내 인생에 저용해 보자.

칙센트미하이 교수에 따르면 몰입을 잘하는 사람들에게는 대략 10가지 정도의 공통점이 있다. 이를 순서와 상관없이 살펴보면 다음과 같다.

- 시간 감각의 왜곡
- 행위와 의식의 통합
- 자의식의 상실
- 자기 목적적 경험
- 자기의 확장
- 명확한 목표
- 구체적인 피드백
- 도전과 행위의 조화
- 과제에 대한 집중
- 통제감

몰입이라는 정신 현상을 유심히 살펴보면 크게는 원인과 결과로 나눠 볼 수 있다. 이 중에서 몰입을 하면 달라지는 것들을 위주로 살펴보자.

몰입을 하면 시간도 잊고
나도 잊게 된다

몰입하는 사람들이 보이는 첫 번째 특징은 '시간 감각의 왜곡'이다. 예를 들어 마음에 안 드는 대상과 소개팅을 한다고 생각하면 아마 10분이 10년처럼 느껴질 것이다. 그런데 내가 좋아하는 사람과 함께 있거나, 재미있는 TV 프로그램을 보거나, 게임을 하거나, 흥미로운 공부를 하고 있으면 시간이 금방 지나가는 것을 느낄 수 있다. 옛날 이야기에 나오는 '신선놀음에 도낏자루 썩는다'는 바둑과 관련된 비유가 이 현상을 빗댄 말일 것이다.

몰입의 두 번째 특징은 행위와 의식의 통합이다. 처음에는 그렇게 어렵게만 느껴지던 일들이 어느 순간 숙달되고 자동화되면서 내가 하는 행동과 의식이 거의 자동적으로 통합된다. 행동과 의식이 통합되려면 그야말로 몸이 기억할 정도로 숙달될 때까지 훈련해야 한다. 몰입은 거저 얻어지는 것이 절대 아니다.

몰입의 세 번째 특징은 '자의식의 상실'이다. 나조차 나를 잊는 상태가 되는데, 말 그대로 '무아지경'에 이르는 것이다. 또 이렇게 깊이 몰두하는 활동들은 대개 어떤 보상이나 대가를 바라고 하는 것이 아니라 그 활동 자체를 좋아하기 때문에 시작하는 경우가 많다. 그리고 이 과정에서 겪는 경험을 '자기 목적적인 경험'이라고 부른다.

자기 목적적인 경험은 자기 목적적인 행동에서 비롯된다. 이는 어떤 구체적인 행동을 지칭하지는 않는다. 똑같은 행동이라도 자기 목적적일 수도 있고 그렇지 않을 수도 있다. 예를 들면 게임을 하는 이유가 게임하는 행위 자체로 재미있기 때문이라면 자기 목적적인 경험으로 볼 수 있다. 그러나 1등을 해서 상대방의 코를 납작하게 해주겠다거나, 게임 대회에 걸려 있는 상금을 타기 위한 것이라면 자기 목적적인 행동으로 보기 어렵다. 이런 경쟁이나 외적 목표가 단기적으로는 몰입을 도울 수는 있으나 장기적으로는 방해 요소가 된다. 왜냐하면 외적 보상이 사라지는 즉시 과제의 흥미도 사라지기 때문이다. 이런 자기 목적적 경험은 몰입의 네 번째 특징이다.

몰입을 하면 이전과 달라진 내 모습을 느끼게 된다

이렇듯 시간 감각의 왜곡이나 자의식 상실, 자기 목적적인 경험을 거치면 어느 순간 이전의 나보다 성장하고 업그레이드된 내 모습을 발견하게 된다. 과제에 전력을 다해 몰두하고 해결해 본 사람은 그 결과로 이전과 다른 사람이 된 것 같은 느낌을 받는 경우가 있다. 이 것이 바로 '자기의 확장'이다. 몰입으로 우리는 성장하는 나, 이전보 다 더 나아진 나를 만난다. 몰입은 궁극적으로 의도했든 아니든 이 러한 자기의 확장을 유발한다. 스스로 성장하고 있음을 느낄 수 있 는 것이다.

이런 몰입하는 상태에 놓이기 위해서는 여러 가지 조건이 필요하 다. 예를 들어 누가 봐도 멋진 몸매를 지닌 사람이 그런 몸을 만들기 까지의 과정을 살펴보자. 일단 '나도 멋진 몸매를 갖고 싶다'는 욕심 과 어떤 몸매를 가질지에 대한 구체적인 목표가 있어야 한다. 또 그 목표를 달성하기 위해 신체 부위별로 어떤 운동을 할지 계획하고, 식단 관리부터 일상생활에서 지킬 규칙 등 다양한 조건들을 정해서 꾸준히 실천해야 한다. 몰입을 잘하기 위해서도 여러 가지 심리적인 준비와 실천이 필요한 것이다.

그런데 이런 것들을 쉽게 할 수 있을까? 어떤 측면은 스스로 자각 하고 노력해야 한다. 반면 어떤 심리적, 성격적인 측면은 잘 자각되 지 않고, 왜 나는 몰입할 수 없는지 아무리 노력해도 깨닫기 어렵다.

그리고 원래는 몰입을 잘하는 편이었다가 어떤 사건을 계기로 더 이상 몰입하기 어려운 상태가 되는 경우도 있다.

　이럴 경우 상담이나 코칭 장면에서는 크게 두 가지 방법을 사용한다. 우선 내가 뭘 못하고 있는지 살피는 것이 아니라, 내가 몰입을 잘하고 있을 때 어떤 조건과 상태에 있는지를 먼저 살피는 것이 필요하다. 나아가 예외적으로 내가 몰입을 잘하고 있는 상태는 어떤 상태인지를 살피는 것이 무엇보다 필요하다.

몰입을 위한 조언

- 몰입을 하면 행위와 의식이 통합되고 과제에 집중하게 된다. 시간 감각이 왜곡되고 내가 나를 잊는 무아지경의 상태에 빠진다.
- 몰입은 궁극적으로 행복에 필요한 여러 요소 중의 하나가 되고 당신이 성장하는 계기가 된다.

몰입을 잘하기 위한
다섯 가지 조건

순간을 사랑하라.
그러면 그 순간의 힘이
모든 경계를 넘어 퍼져 나가리라.

코리타 켄트

그럼 이렇게 나를 성장시키고 행복하게 만드는 몰입을 잘하려면 어떤 조건이 필요할까?

첫 번째는 명확한 목표다.

명확한 목표는 말 그대로 내가 어떤 행동을 할지, 어떤 결과를 얻고 싶은지를 명확하게 인식하는 것을 뜻한다. 당신은 어떤 사람처럼 되고 싶은가? 명확한 목표부터 생각해 보자. 그리고 나눌 수 있는 가장 작은 단위로 행동 목표를 나누고 그것을 실행하는 것이다.

두 번째는 구체적인 피드백이다.

자신이 정한 목표를 달성하기 위해 행동하고 그 결과를 명료하게 인식한다. 내 의도대로 수행됐는지 스스로 확인하거나 주변 사람들의 평가와 판단을 듣는다. 마치 운동이나 음악을 배울 때 가르쳐 주는 사람으로부터 내가 잘한 것은 무엇인지, 의도대로 되지 않은 부분은 무엇인지를 명확하게 듣는 것처럼 말이다. 그래야 내가 잘했는지 아닌지를 알 수 있고 개선의 여지가 생긴다. 처음에는 타인의 도움, 전문가의 도움이 필요하지만 점차 자기 자신이 전문가가 돼 스스로 깨닫게 된다.

세 번째는 도전과 행위의 조화다.

주어진 과제의 난도가 나의 노력으로 해결할 만하다는 믿음이 있어야 하고, 실제로 과제가 너무 어렵거나 쉽지 않아야 한다. 명확한 목표를 세우고 구체적인 피드백을 받은 후 도전과 능력의 조화가 이루어진다는 믿음을 갖는 것이 몰입에 매우 중요한 기능을 한다. 자신의 수준에 걸맞은 약간 어려운 과제를 선택하고, 그걸 성취하는 경험들이 누적되면서 노하우가 형성되는 것이다.

만약 자신이 설정한 목표가 현재 자신의 능력에 비해 너무 쉬우면 지루해지고, 너무 어려우면 시작하기도 전에 불안해진다. 이때 불안을 무시하고 억지로 시도하면 실패가 반복되는데, 이런 실패 경험은 몰입 경험을 방해한다. 따라서 목표를 정할 때는 내가 실제로 해낼 수 있는 것보다 약간 어려우면서, 최선의 노력을 기울이면 성공 확률이 80~90퍼센트 이상인 과제를 선택해야 한다.

네 번째는 과제에 대한 집중이다.

현재 내가 선택한 목표와 과제를 수행할 때, 당면한 과제에 집중할 수 있어야 한다. 너무나도 당연하게 난도가 적정하고 나의 능력과 잘 들어맞으면 시간 가는 줄도 모르고 집중하게 된다. 심지어는 노력조차 필요 없게 된다. 오히려 내가 집중해야 한다고 생각한다는 것 자체가 이미 집중력이 흐트러졌다는 뜻이다. 이처럼 집중을 방해하는 자극들을 제거하는 '정신적인 예열'의 상태가 집중을 몰입으로 이끈다.

마지막 다섯 번째는 통제감이다.

딱히 의식하지 않더라도 수행하고 있는 과제를 통제할 수 있다는 믿음이 있어야 현재 하고 있는 활동을 지속할 수 있다. 내가 현재 상황을 통제할 수 있다는 마음에 금이 가기 시작하면 몰입하기가 어려워진다. 몰입은 일단 시작되면 강철처럼 유지되기도 하지만 한번 통제감을 잃으면 모래성처럼 무너지기도 한다.

몰입하는 법을 알아야
긍정적인 결과를 얻는다

몰입의 긍정적인 결과에 도달하기 위해서는 반드시 몰입의 원인적인 측면부터 면밀히 살펴보는 일이 필요하다. 명확한 목표를 갖고 과제의 난도를 자발적으로 조절하고 선택한다. 그리고 도전과 행위의 조화가 이루어질 때 진정으로 나에게 몰입하는 시간을 만들 수 있다.

나아가 몰입이 잘 되고 있는지 아닌지를 확인해야 한다. 이때 스스로 확인하거나 타인에게 구체적인 피드백을 받는다. 그러면서 과제에 집중하려는 노력을 지속해야 하고, 또 자신이 수행하고 있는 과제를 잘 해결할 수 있다는 믿음을 유지해야 한다.

이런 몰입의 선행 조건들을 잘 갖추면 진정한 몰입의 시간을 경험하게 된다. 그 결과로 나를 잊게 되고, 시간이 벌써 이렇게 흘렀나 하는 경험을 하게 되는 것이다.

또한 나의 행동으로 만족감과 충만감을 느끼게 되는데 이런 경험이 반복되고 쌓이다 보면 나의 성장, 나의 확장으로 이어진다. 진정 좋아하는 일들을 할 때는 아무리 에너지를 들여도 더 이상 노고가 아니게 된다.

몰입을 위한 조언

- 몰입을 잘하는 사람들을 잘 살피고 그들의 방식을 배워 보자.
- 몰입하고 싶다면 명확한 목표, 구체적인 피드백, 도전과 행위의 조화, 과제에 대한 집중, 통제감이라는 다섯 가지 조건이 필요하다.
- 몰입하는 시간은 배움이나 훈련으로 만들 수 있다.

몰입을 잘하게 된
사람들의 환경

가족들의 더할 나위 없는 귀염둥이였던 사람은
성공자의 기분을 일생 동안 가지고 살며
그 성공에 대한 자신감은 그를 자주 성공으로 이끈다.

프로이트

이상하고 파괴적인 부모는 모두 제각각이다. 그 특이하고도 병적인 모습의 기출 변형 버전은 끝이 없다. 그럼 몰입을 잘하도록 돕는 부모와 가정 환경은 어떨까? 몰입을 잘하는 사람들의 환경은 나름대로의 기준이 있다. 몰입을 잘하고, 행복하게 사는 사람들의 공통점 중 하나는 이러한 여건이 갖춰진 가정 환경이다.

이러한 환경에서 자란 사람은 그렇지 못한 환경에서 자란 사람보다 자기 목적적 경험을 하게 될 가능성이 더 높다. 자기 목적적인 경험은 활동을 지속하는 동안이나 끝난 후에 외부적인 보상이 주어지지 않아도 수행자가 만족감과 기쁨을 느끼며 활동 그 자체를 좋아하는 경험을 말한다.

예를 들어 똑같이 공부해도 그 공부가 정말 재미있어서 지속하는 사람은 자기 목적적 경험을 하는 셈이다. 반면 칭찬받기 위해서, 성적을 잘 받으면 최신형 스마트폰으로 바꿔 준다는 부모의 약속 때문에 공부하는 사람은 자기 목적적이라고 보기 어렵다.

이렇듯 말 그대로 '재미있고 흥미로우니까'와 같은 내적 동기가 형성되기 좋은 가정 환경이 있다. 반대로 "그걸 하면 돈이 나오니, 밥이 나오니"와 같은 말을 자주 들어 왔다면 몰입하기 쉽지 않은 여건에서 성장했다는 뜻이다.

몰입하기 좋은 가정 환경의 다섯 가지 요소

그렇다면 활동을 지속하는 동안이나 끝난 후에 외부의 보상이 주어지지 않아도 만족감과 기쁨을 느끼며 활동 그 자체가 보상이 되는 삶은 어떻게 만들어질까?

시카고 대학의 라순디 박사는 몰입을 잘하는 가정 환경을 연구하면서 크게 다섯 가지 요소를 들었다.

① 신뢰성
② 선택성
③ 명료성
④ 중심성
⑤ 도전성

이 다섯 가지 요소들은 마치 가정 내에서 발생하는 여러 가지 관계적인 요소와 건강한 의사소통 방식을 합친 것처럼 보인다.

첫 번째, 신뢰성은 부모에 대한 믿음이다.

자녀가 부모의 보호 아래에서 충분히 편안함을 느끼고 자신이 관심 있는 어떤 것이든지 참여할 수 있도록 한다. 이런 믿음이 있다면 성적이 잘 나오지 않아도, 경쟁에서 지더라도 이를 숨기지 않는다. 부모가 그 사실을 있는 그대로 들어도 나를 비난하거나 공격하지 않고 오히려 위로해 줄 것이라고 믿기 때문이다. 안전한 느낌이 최우선이고 불안감을 견디게 만들어 준다.

두 번째, 선택성은 다양한 가능성을 갖고 있다는 믿음이다.

자녀들이 무엇을 선택해야 할지 고민할 때 선택의 결과에 책임을 질 수 있다면 부모가 정한 규칙도 어길 수 있고 다양하게 선택할 수 있다. 부모가 '이런 직업은 어떠니?'라고 권유는 할 수 있을지언정, 이를 자녀가 반드시 따를 필요는 없다. 스스로 책임을 질 수 있도록 자녀의 선택을 허용해 주는 가정 환경에서 성장한 사람들이 보다 몰입하기 쉽다. 이렇게 형성된 자율성은 자신의 선택을 신뢰하면서도 부모의 지침을 고려하도록 만들고 이는 몰입의 토대가 된다.

세 번째, 명료성은 부모가 자신에게 무엇을 기대하는지 명료하게 알고 있다는 믿음이다.

이는 곧 가족 내 상호 작용에서 목표와 피드백이 명확한 의사소통이 이루어지고 있는지의 여부다. 이것이 중요한 이유는 부모가 '네가 알아서 해, 네 인생이니까'라고 이야기하지만 실제로는 이래라저래라 간섭하는 행동을 하거나 눈살을 찌푸리거나 교묘하게 방해하는 등 겉으로는 허용적이지만 실제로는 통제적이고 파괴적인 영향력에서 벗어나기 위해서다. 명료성은 몰입 과정에서 명확한 목표를 세우는 데 많은 영향을 미친다.

네 번째, 중심성은 현재 자녀들이 하고 있는 일의 경험과 감정에 구체적인 관심을 가질 때 생기는 인식이다.

어떤 부모는 자녀들이 좋은 직장이나 대학에 들어가는 데에만 관심을 가진다. 결과도 중요하지만 우리가 최선을 다한다고 해서 언제나 최선의 결과를 얻어 낼 수는 없다. 이때 자녀들이 겪은 과정에도 관심을 기울이면서 긍정적인 결과에는 같이 기뻐하고 그렇지 않은 결과에는 고통을 함께 견뎌 주는 것이 바람직하다. 이런 환경이 불필요한 자책을 줄인다. 인생은 상당 부분이 시행착오의 연속이다. 누군가가 그 시행착오에 관심을 기울여 준다면 좌절감을 이겨 낼 수도 있다. 이것이 바로 공감의 힘이다.

마지막으로, 도전성은 점차 더 복잡하고 복합적인 행동의 기회를 제공하려는 부모의 헌신에 대한 인식이다.

배움과 학습의 이음동의어가 바로 '실패'다. 실패를 경험하고 그만두면 실패로 굳어진다. 하지만 그 실패를 시행착오로 삼고 다음에는 성공할 수 있는 방법을 배우도록 지속적으로 격려하면 어떨까. 이역시 부모의 중요한 역할 중 하나다. 이런 도전성은 도전과 행위의 조화를 이루고 더 높은 목표를 향해 나아가도록 하며 역경을 더 잘 견딜 수 있게 돕는다.

물론 앞서 언급한 다섯 가지 조건들을 완벽하게 충족하기는 쉽지 않다. 부모도 누군가의 자식인지라 여러 가지 결함 있는 방식의 상호작용을 경험하며 성장했고 그것을 대물림하게 마련이다. 혹은 '내 부모가 내게 이렇게 했으니 나는 반대로 해야지'라는 생각을 하기도 한다. 그러나 중요한 것은 내 부모의 영향력에서 벗어나 나와 아이의 관계를 재설정하는 과정이다.

몰입을 위한 조언

- 신뢰성과 명료성은 부모와의 안정적 관계를 얻는다.
- 선택성과 중심성은 부모와 관계에서 공감과 자율성을 얻는다.
- 도전성은 부모와 자신의 한계를 넘어 더 먼 곳을 향하도록 돕는다.

몰입을 익숙하고
편한 상태로 만들어라

더 이상 상황을 바꿀 수 없을 때
우리는 자신을 바꿔야 하는 도전을 받는다.

빅터 프랭클

하루 중에 몰입하면서 보내는 시간이 얼마나 될까? 딱히 창의적인 경험이나 대단한 몰입 경험이 아니더라도 사람들은 대개 자신도 깨닫지 못한 상태에서 몰입을 경험하면서 지낸다.

앞서 언급한 것처럼 편안하게 집에서 보내는 시간보다는 다소 긴장되고 힘들더라도 직장에서 보내는 시간이 더 몰입도가 높다는 사실은 참 재미있는 현상이다. 여러 가지 이유가 있지만 직장에서는 해야 하는 일들의 구조가 적정 수준으로 이루어져 있기 때문이다.

물론 마음은 회사보다 집에 있을 때 더 편하다. 하지만 꼭 이완된 느낌만 행복한 느낌은 아니다. 약간 각성되고 긴장된 수준에서 느낄 수 있는 짜릿함도 행복의 구성 요소가 된다.

그렇지만 직장에서 상사나 동료와 갈등이 생겨 대인 관계 스트레스가 쌓이거나 업무가 과중한 상태라면 이야기가 달라진다. 그야말로 자신이 감당할 수 있는 범위를 넘어서기 때문에 오히려 몰입할 여건이 형성될 수 없다.

정신의 영양분 역할을 하는
몰입의 기술

대부분의 사람들은 스트레스를 받으면 이를 해소할 여러 가지 주의 분산 전략을 찾는다. 그러다 보면 게임이나 유튜브에 푹 빠질 수도 있고, '마감 임박'을 외치는 홈쇼핑 호스트에게 물건을 사는 쇼핑 중독이 되기도 한다. 어떤 사람은 자전거 타기, 암벽 등반하기 같은 신체적인 활동을 열심히 하고 소설책이나 영화에 집중할 수도 있다. 겉으로 보기에는 정말 불필요해 보이는 여러 가지 활동들을 취미로 삼으면서 기기에 푹 빠져 지내는 것이다.

우리가 하루에 세 번 밥을 먹으며 적정 수준의 영양분을 보충해야 하는 것처럼, 몰입하는 활동은 인간의 정신이 제대로 굴러가게 만드는 핵심적인 현상이다. 과하거나 부족하지 않게 꼭 필요한 만큼 유지돼야 한다.

몸으로 예를 들어 보자. 우리의 몸은 안정된 평형 상태를 유지하는 놀라운 능력이 있다. 이를 항상성, 동질정체라고도 한다. 다이어트를 할 때 흔히 겪는 요요 현상도 부분적으로는 항상성에 해당한다. 사람의 마음에도 항상성이 있다. 다만 어떤 사람들은 집중하고 몰입하는 삶에 익숙해서 이를 유지하는 일이 어렵지 않은 반면, 어떤 사람들은 그런 삶을 살아 본 경험이 한 번도 없기도 하다. 그래서 몰입하는 방법을 알지 못하는 것이다.

나는 지금 상태가 익숙한가 편안한가?

한번 나의 일상을 돌아보자. 나는 하루에 얼마나 '나'를 잊고 나에게 주어진 과제에 몰두하면서 살아가는가? 당신이 학생이거나 직장인이 아니어도 상관없다. 하루 종일 나는 얼마나 몰입하면서 살고 있는가? 내가 가장 잘 몰입할 수 있는 시간은 언제인가? 가장 잘 몰입하면서 보낼 수 있는 활동은 무엇인가? 몰입하면서 지내는 삶이 더 익숙한가, 아무것도 하지 못하는 삶이 더 익숙한가?

남보다 나 자신에게 집중하는 삶, 나의 꿈을 이루기 위해 몰입하고 성취하는 삶이 더 바람직하고 더 생산적인 것은 두말 할 나위가 없다. 그런데 그 좋은 삶을 살아가는 사람들이 왜 많아 보이지 않을까? 안타깝게도 여러 가지 심리적인 기술도 자산처럼 부모로부터 물려받는다. '이렇게 해야 한다'는 직접적인 가르침뿐만 아니라 부모나 주변 사람들의 모습을 보고 자연스럽게 긍정적인 습관을 몸에 익힌 사람과 학원이나 주변 사람들로부터 억지로 가르침을 받은 사람은 심리적으로 차이가 생길 수밖에 없다.

스스로 몰입하는 방법을 깨달아서 자기 자신은 너무나도 자연스럽게 몰입할 수 있지만 그걸 남에게 가르치기는 어려운 일이다. 그래서 주변 사람들에게 지엽적인 방법만 알려 주면서 답답해하는 경우도 보게 된다.

우리 주변에는 생활 전반에 걸쳐서 스스로에게 집중하는 삶이 편안하고 익숙한 사람이 있고, 나에게 몰입한다는 것이 무엇인지도 잘 모르겠으며 그런 삶을 살 수 있는 기회도 부족한 사람이 있다. 당신은 지금 몰입하면서 살고 있는가? 그리고 그 삶은 스스로에게 익숙하고 편안한가? 반대로, 나의 삶은 몰입할 일이 하나도 없는 삶인가? 그리고 그 삶에 익숙한가? 그리고 그 삶은 편한가?

몰입을 위한 조언

- 익숙한 것은 오랜 기간 그래 왔던 것이고, 편한 것은 자신이 편하게 느끼는 것이다. 둘은 같은 것 같지만 다르기도 하다.
- 습관을 들이면 나에게 몰입하는 삶이 익숙하고 편해질 수 있다.

인생의 방향,
따를 것인가 바꿀 것인가

질투는 천 개의 눈을 갖고 있다.
그러나 한 가지도 올바로 보지 못한다.

탈무드

내가 어디쯤 있는지, 어떤 부류의 사람인지, 어떻게 살아가고 싶은지 알기 위해서는 어쩔 수 없이 주변 사람들과 나를 비교할 수밖에 없다. 내가 상대적으로 키가 큰지 작은지, 몸매가 좋은지 나쁜지, 외모가 괜찮은지 아닌지를 결정하는 여러 중요한 기준 중 하나가 되기 때문이다.

다른 사람들과 비교해 보면 나는, 내 인생은, 내 몸은, 내 마음은 어떤가. 당신의 마음에 드는가? 그렇다면 다행이다. 모든 사람이 자신의 모든 부분에 만족하지는 못한다. 빌 게이츠는 이렇게 말하기도 했다.

"세상은 불공평하다. 그것에 익숙해져라."

이 세상에는 나보다 잘생긴 사람, 키 큰 사람, 돈 많은 사람이 많다. 따지고 비교하다 보면 부러운 사람이 너무나도 많고 세상이 불공평하게 느껴진다.

하지만 모두에게 평등한 것이 있다. 그것은 바로 자기 마음대로 사는 사람은 있을지언정 자신이 원해서 태어나는 사람은 없다는 점이다. 그리고 모든 사람은 언젠가 죽는다.

인생을 바꾸는 사람들의 삶의 방식

많은 사람이 부유하고 잘 사는 사람들을 보면서 부러움을 느낀다. 부러워하는 감정은 거의 자동적이다. 그리고 부러움을 표현하는 방식 또한 거의 자동적이며 순간적으로 처리된다. 의식적으로는 부럽지 않다고 부정할 수 있지만 감정은 너무나도 자동적이고 즉가적이어서 나도 모르게 떠올랐다가 사라진다. 부러움을 느끼면 화부터 나는 사람도 있고, 잠깐 그런 감정이 스쳐 지나가는 사람도 있다. 이처럼 부러움은 쉽게 조절하기 어려운 감정이다.

어떤 사람은 좋은 차를 타고 가는 사람을 보며 '나도 노력해서 저런 차를 타야겠다'고 생각하지만 어떤 사람은 '저 사람을 끌어내려서 나처럼 걷게 하자'고 생각한다. 이런 두 부류의 사람들은 우리 주변에도 흔히 있다. 자동적으로 형성된 감정들을 피하고 싶을 수도 있고 나는 아무렇지도 않다고 부정할 수도 있다. 오죽하면 '부러우면 지는 거다'라는 이야기가 나올까.

당신의 생각은 어떤가? 부러우면 정말 지는 것일까? 누군가를 부러워하는 것도 삶의 방식 중 하나다. 여기에까지 이기고 지는 걸 대입하는 모습을 보면 세상이 참으로 경쟁적이라는 생각이 든다.

그런데 자기 자신에게 몰입하는 사람들은 남을 부러워하는 시간보다 나를 알아가는 시간이 더 많다. 자기 삶을 살아가기 바쁘다. 물론 몰입을 잘하는 사람이라고 해서 남이 부럽지 않고 경쟁적이지 않은 것은 아니다. 하지만 적어도 자신의 삶에서 더 중요한 것을 찾아내고 내 안에서 최적의 경험을 해 나간다. 그러다 보면 남을 부러워하더라도 그로 인해 삶의 페이스가 무너지지 않는 것이다.

그럼 그들을 바라보는 나의 시선은 어떤가? 몰입하는 사람이 옆에 있다면 말이다. 행복한 사람, 아주 부자가 아니더라도 행복한 가정에서 자란 건강한 사람들을 만나면 당신은 나도 행복해지고 싶은지, 혹은 그들을 질투하는지 생각해 보자. 만약 후자라면 앞으로는 타인을 질투하는 대신 나를 위해서 할 수 있는 선택을 해 보면 어떨까.

몰입을 위한 조언

- 감정은 선택할 수 없지만 생각과 행동은 선택할 수 있다.

건강한 몸과 마음이
몰입하는 시간을 늘린다

휴식은 게으름도 멈춤도 아니다.
휴식을 모르는 사람은
브레이크가 없는 자동차 같아서 위험하기 짝이 없다.

헨리 포드

집중이 안 되던 삶을 살다가 어느 순간 나에게 온전히 몰입하게 되는 운 좋은 때를 만나게 된다. 이때 '물 들어올 때 노 젓자'는 심정으로 이 시간이 다시는 오지 않을까 봐 불안해하는 사람들이 있다. 물론 몰입이라는 정신적인 현상이 드문 것이 아니고, 내가 원한다고 해서 바로 쉽게 몰입할 수 있는 것도 아니다. 다만 이런 조바심 때문에 몰입의 타이밍을 놓치게 될 수도 있고 정말로 그 상태에 다시 도달하기 어려울 수 있다.

그렇다면 반대로 몰입의 상태가 몇 시간이고 유지된다면 어떨까? 과연 그 경험이 좋다고만 할 수 있을까? 실제로 어떤 일에 몇 시간씩 몰두하는 경험을 한 사람들은 그 시간을 그리워하기도 하지만 그만큼 힘들어하기도 한다. 특정한 일에 깊이 몰입한 나머지 간혹 식사 시간을 잊기도 하고, 일상생활에서 유지해야 할 일들도 놓칠 수 있기 때문이다. 즐겁고 행복해지고 더 나은 내가 되기 위해 시작한 일이 오히려 하지 않느니만 못하게 되는 것이다.

몰입의 양면성을 인지하라

몰입이라는 정신 현상 자체는 과도한 각성을 동반하며 시간 감각을 상실하게 만들기 때문에 자칫 건강상의 문제를 유발하기도 한다. 당장 과잉 각성된 상태는 마치 내일 일어날 근사한 일을 기대하느라 잠을 자지 못하는 사람처럼 건강한 수면을 취하지 못하게 된다.

라듐을 비롯한 방사성 연구에 뛰어난 업적을 세운 마리 퀴리가 약속 장소에 한참 동안이나 나타나지 않아서 상대방이 그녀를 찾아다녔다고 한다. 그러던 중 행려병자를 돌보는 병원에서 발견하게 됐다는데, 알고 보니 그녀가 자신에게 주어진 과제에 너무 몰두한 나머지 식사하는 것을 잊어 길거리에서 졸도했다는 것이다.

당신은 계속해서 자리를 지켜야만 한다고 생각했던 경험이 있는가? 자리에 앉아서 뭔가를 계속 해내야 한다는 압박감을 경험한 적이 있는가? 이렇게 몰입하는 시간이 끝나면 충만한 느낌보다는 허탈감과 불안감이 나를 압도하는가? 이런 경험을 한 적이 있다면 당신은 몰입하는 경험의 방식과 기술을 바꿔 볼 필요가 있다. 몰입이라는 선물을 악몽으로 경험할 필요는 없지 않겠는가.

휴식하고
더 오래 몰입하라

우선 경험적인 측면을 먼저 생각해 보자. 당신은 뭔가에 몰입한 이후에 충만한 느낌과 내가 성장했다는 느낌이 더 드는가 아니면 불안과 허탈감, 다시는 그런 상태에 도달하지 못할 것 같은 염려가 앞서는가. 통상적인 경우라면 당연히 성장하는 느낌이 들어야 한다. 그러나 오히려 불안감이 느껴진다면 당신은 어떤 과업을 '꼭 해내야 한다'는 마음이 크기 때문일 것이다. 시험을 잘 치는 일이든, 승진이든, 꼭 써야 할 논문이든 말이다.

이때도 약간 다르게 생각하는 과정들이 필요하다. 건강하게 몰입하는 사람들은 잘될 경우와 안 될 경우의 원인을 적절하게 분석한다. 그래서 어떤 결과를 맞더라도 자신이 앞으로 나아갈 방향을 찾는 나침반으로 사용한다.

너무 몰두해서, 몰입하는 경험이 너무 좋아서, 다시는 그 경지에 도달할 수 없을 것 같은 두려움 때문에 멈추지 못할 때가 있는가? 이때가 오히려 충분히 쉬어야 할 때다. 이 기세를 몰아서 한 번에 끝내야 할 것 같은 의무감이 드는가? 역시 이쯤에서 멈춰야 한다. 사람의 마음은 참으로 자기 보호적이어서 한번 힘든 끝을 경험했다면 두 번다시 같은 경험을 겪고 싶어 하지 않는다. 휴식하지 않고 달렸다가 오히려 다시 몰입하기 어려워질 수 있는 것이다.

목과 허리 근육이 뻣뻣해지고 눈이 침침해졌다면 역시나 쉬어야할 때다. 또한 식사를 놓치거나 정해진 일들을 정해진 시간에 하지 못하는 상황이 자주 찾아온다면 반드시 시간을 정해 놓고 휴식을 취하자.

몰입이라는 격렬한 정신 과정을 견딜 만한 신체가 있어야 우리는 더 건강하게 몰입할 수 있고 그 즐거운 경험을 계속해 나갈 수 있다.

몰입을 위한 조언

- 건강한 몰입 경험을 위해 충분히 쉬어야 한다.
- 과도한 각성과 불안이 오히려 몰입을 막는다.
- 건강한 몰입 경험을 계속하려면 신체적인 건강이 뒷받침돼야 한다.

4장

✦ ✦ ✦

오직 나를 위한 시간이
나를 성장시킨다

몰입이 가져다주는 삶의 긍정적 변화들

할 수 있다는 마음이
최상의 나를 만든다

성격이란 끝나지 않는 과정이다.
조금은 영속성이 있을지 모르나
끊임없이 바뀐다.

고든 올포트

사람들은 자기 효능감이 높은 사람에게 더욱 주목하게 된다. 겸손이 미덕이라는 말은 옛말이 됐다. 이제는 '저는 이걸 약간 할 줄 압니다'와 같은 겸손보다는 '난 이걸 더 잘해. 이 정도는 껌이지'라는 다소 허풍 섞인 자신감이 사회적으로 더 잘 받아들여지는 분위기다.

한 온라인 사이트에서 '24인용 군용 텐트를 혼자 칠 수 있는가'의 실행 가능성 여부로 설왕설래한 사건이 있었다. 24인용 군용 텐트는 성인 남성이 혼자서 들기조차 힘이 들 정도로 무겁다. 안 될 것이라는 의견이 대세를 이룰 때 누군가가 이런 답글을 달았다.

"되는데요."

그 답글이 수많은 사람의 주목을 받고 실제로 내기가 이루어졌다. 그리고 놀랍게도 해당 답글의 주인공은 정말로 정해진 시간 안에 24인용 텐트를 혼자 치는 위용을 발휘한다. 이는 자기 효능감이 매우 높은 사례로 볼 수 있다.

'할 수 있다'는 마음이 공허하지 않은 이유

2016년 리우데자네이루 올림픽의 펜싱 경기에서 우리나라의 박상영 선수도 높은 자기 효능감을 보여 줬다. 박상영 선수는 원래 펜싱 유망주였으나 오랫 동안 부상에 시달린 상태였고 가까스로 올림픽 본선에 진출하게 됐다.

그가 세계 상위 랭커인 노련한 선수와 맞붙을 당시, 시간도 얼마 남지 않은 상황에서 9 대 13까지 밀린 상태였고 관람객들은 응원을 하면서도 반쯤은 포기한 상황이었다. 그때 관객석에서 한마디 외침이 들려 왔다.

"할 수 있다!"

그리고 난데없이 날아든 외침을 중얼거리는 박상영 선수의 입 모양이 고스란히 중계 방송 카메라에 잡혔다. 경기 결과는 놀라웠다. 박상영 선수가 기술을 성공시키면서 대역전극을 펼친 것이다.

여러 조건이 맞물린 결과일 것이다. 자신이 할 수 있는 극한의 노력과 끈기, 고도의 집중력이 필요한 상황에서 관객이 들려준 '할 수 있다'란 말을 흘려듣지 않고 내 것으로 활용해 목표를 이룬 것이다.

간혹 야구 경기에서 컨디션이 최고조에 이른 경우에 날아오는 공이 '수박만 하게 보인다'거나 '실밥의 솔기 보양이 보인다'고 이야기하기도 한다. 사실 시속 130~150킬로미터에 이르는 공을 인간의 눈으로 보기는 매우 힘들다고 한다. 이런 기적 같은 경험은 집중과 몰입의 결과, '최적의 정신 상태'가 만들어졌기 때문에 가능한 것이다.

운동선수는 훈련과 연습을 통해 보통 사람 이상의 근육, 조정 능력, 동체시력, 힘이 단련된다. 거기에 그날의 컨디션과 여러 가지 조건이 맞물리면 그야말로 '최상의 나'를 만나게 된다. 개인의 최상의 경험들 중에 몰입하는 나가 포함된다.

업그레이드된 나를
만나라

최상의 경험을 하는 과정에서 사람들이 흔히 오해하는 것이 있다. 천재는 늘 천재적인 생각을 하고 언제나 일상적이지 않은 결과를 유지해야만 한다고 여기는 것이다. 결론부터 말하면, 언제나 모든 영역에 걸쳐 천재인 사람은 없다. 이들은 상대적으로 더 잘 몰입하고 집중하는 사람들이 자신에게 주어진 일들에 최상의 능력을 발휘할 뿐이다.

최상의 나를 만나기 위해 내가 할 수 있는 것들을 생각해 보자. 아주 사소한 일들이어도 좋다. 나는 어떤 일을 할 때 결과를 생각하지 않고 재미있게 할 수 있을까? 나는 어떤 행동을 하면서 진짜 나다운 느낌을 받게 될까? 과거에 그런 경험을 한 적이 있다면 그것은 어떤 일이었는가? 결과나 성과와는 무관하게 정말 혼이 빠질 정도로 흥미로운 일이 있다면 그것은 무엇일까?

안타깝게도 호기심이나 관심이 남들보다 덜한 사람들은 이를 발견하기 어려울 수도 있다. 그렇더라도 자신이 원하는 활동이나 즐거운 일들은 반드시 있게 마련이다. 최상의 나를 만나기 위해 몰입하고 싶은가? 몰입은 내가 좋아하는 일에서부터 출발한다. 결과를 고민하지 않고 그 자체로 좋아할 수 있는 일에서부터 차곡차곡 시작하는 것이 순서다.

몰입을 위한 조언

- 우연한 기회가 찾아왔을 때, 나는 할 수 있다는 마음이 그 기회를 살린다.
- 두렵지 않아서가 아니라 두려움에도 불구하고 시도하는 것이다.

패배적 신념을 버리고
새로운 나를 만나다

다른 동물들과 마찬가지로 인간도 환경으로 형성된다.
하지만 인간에게는 새로운 환경에 적응하거나
새로운 환경을 창조해 내는 능력이 있다.

B.F. 스키너

당신은 자신이 좋아하는 일, 결과가 어떻든 과정에 온전히 집중할 수 있는 일을 찾았는가? 이는 결코 쉬운 일이 아니다.

사람들은 자신이 무엇을 좋아하는지, 자신이 어떤 존재인지 궁금해한다. 물론 사람마다 그 정도는 조금씩 다르다. 평생 자기 성찰적인 사람도 있는 반면, 사춘기에만 잠깐 자신이 어떤 존재인지를 확인하려는 사람도 있다.

나는
어떤 사람일까?

최근 들어 자기 자신의 존재를 여러 가지 수단을 통해서 알아보려는 사람들이 많아진 것 같다. 세간에 흔히 알려진 혈액형별 성격, MBTI 성격 유형 검사가 인기 있는 이유는 자신이 어떤 존재인지 알고 싶은 호기심 때문이다. 이렇게 사람을 구분하는 데 사용하는 여러 가지 검사가 사람들의 관심을 받고 있다. 심리학적으로 검증된 검사도 있고 과학적인 신빙성이 떨어지는 유사 심리 검사 도구들도 있다.

왜 사람들은 이런 유사 과학이나 심리 검사 도구들에 관심을 보일까? 사람들은 자신의 앞에 놓인 여러 상황을 검토해 보고, 미래를 예측하고 싶어 한다. 그리고 이런 검사 결과를 통해 다른 사람들에게 자신의 기대와 바람을 전달하기도 한다.

'꽃길만 걸으세요'라는 말이 있다. 그런데 한번 살아온 인생을 되돌아보자. 정말 꽃길만 걷는 게 가능할 리 없다. 사실 우리가 살아가는 세상은 즐겁고 행복하고 안전하기보다는 힘들고 불행하고 위협적인 공간일 가능성이 더 높다. 단지 어떤 눈으로 세상을 볼지에 따라서 다르게 인식할 수 있다. 가시밭길로만 볼지, 꽃밭으로 볼지, 혹은 적정하게 섞여 있는 것으로 볼지는 개인의 선택에 달린 것이다.

사람들이 세상을 어떻게 바라볼지를 결정하는 데에는 매우 다양한 경험들이 영향을 미친다. 또한 타고나는 성향에 따라서 외부 환경을 긍정적으로 볼지 혹은 부정적으로 볼지가 어느 정도 결정되기도 한다.

이전과는 다른 방식,
다른 시선이 필요할 때

비관주의자는 인생에서 터널을 보고 낙관주의자는 그 터널 끝의 빛을 보고 현실주의자는 그 빛 너머의 또 다른 터널을 본다. 사람들이 외부 환경을 바라보는 방식으로 자신을 바라보는 경우가 종종 있다. 대개 우울해지고 스스로를 괴롭히는 사람들은 매우 비관적이고 부정적인 방식으로 세상과 자신을 바라본다. 무엇을 해도 안 될 것 같고 남들은 되지만 나는 안 된다고 생각하는 것이다. 결과와 상관없이 그냥 즐거움을 위해서 내가 좋아하는 일을 해 보라는 권유조차도 받아들이기 버겁다.

'나 같은 게 좋아하는 걸 해도 될까. 이런 걸 내가 해도 될까.'

이런 생각과 종종 만난다. 한 번, 두 번 실패 아닌 실패가 이어지면 이런 생각이 완전히 굳어진다.

'내 노력으로 내 삶을 바꿀 수 없을 것이다.'
'해 볼 만큼 다 해 봤는데도 안 된다.'

이렇게 믿는 것이다. 거의 모든 정신과적인 장애의 근간을 이루는 것이 이러한 자기 패배적인 신념이다. 뭘 하더라도 안 될 것 같고, 어차피 노력해도 아무것도 될 것 같지 않은 마음 상태다. '당신, 이거 해 봤어? 안 해 봤으면 말을 마!'라는 식의 말만큼이나 위험하다.

언뜻 보면 매우 상반되는 것처럼 보이는 이 두 말에는 '자기가 경험해 봤으니 그게 사실일 것이다'라는 메시지가 공통적으로 담겼다. 단지 한쪽은 실패 경험이 누적돼 할 수 없다는 생각이 쌓인 것이고, 한쪽은 자신의 성공 경험을 남들에게 강요하는 것이다. 지금껏 실패해 왔다면 그 일이 무엇이었든 그 일을 실행해 온 방식과 의도, 시기, 노력을 이전과 다르게 시도해 보자.

아무리 노력해도 잘 안 된다면 지금은 잠깐 쉬면서 숨 고르기를 해야 할 때인지도 모른다. 또, 계속해서 아무것도 안 하고 속으로만 머리를 굴려 왔던 사람이라면 이제는 생각을 멈추고 행동할 때다. 이제껏 살아왔던 방식과 다르게 살아야 한다.

몰입을 위한 조언

- 해 봤는데 안 된다면 다른 방법으로 다른 시기에 도전해 보자.

삶을 선택하라!
나 자신은 바꿀 수 있다

본래 땅 위에는 길이 없었다.
한 사람이 먼저 가고 걸어가는 사람이 많아지면
그곳이 곧 길이 된다.

루쉰

사람들이 많이 느끼는 고통은 대개는 우울감이나 불안감, 분노감, 거절당하는 느낌, 자신이 쓸모없는 것 같은 느낌 등 여러 가지 부정적인 감정에서 비롯된다.

그런데 이 감정이라는 것은 외부 자극에 의해서 유입된 이후 나의 감각 기관과 뇌 구조를 통하면서 거의 자동적으로 형성되는 것이라 조절하기 어렵다는 문제가 있다.

살다 보면 슬프고 힘든 일들과 반드시 마주하게 된다. 어떤 사람들은 이런 힘든 일을 남들보다 더 많이 겪게 되는 것 같다. 대표적인 것이 가난이다. 어떤 사람은 젊어서 고생은 사서도 한다고 하고, 가난은 조금 불편한 것이라고도 한다. 그러나 여러 가지 불행에 반복적으로 노출되면 누군가의 '힘내'라는 위로가 아무 소용이 없는 것처럼 여겨진다.

매일이 고통스럽고 힘든 일로만 가득한 상황에 놓인 사람은 나 자신에게도 힘내라는 말을 해 주기 어렵다. '앞으로 잘될 거야'라는 희망적인 말도 공허하게 느껴질 뿐이다.

이런 사람들은 어느 길로 갈 것인지, 어떤 삶을 살 것인지 스스로 선택할 수 없다고 믿는다. 그러나 안타깝게도 선택도 습관이다. 사람들은 늘 익숙한 선택을 한다. 완전히 새롭고 낯선 과정을 선택한다는 것은 상당한 피로감을 제공하기 때문이다.

풀밭을 반복적으로 걷다 보면 어느 순간부터는 그 위에 길이 생기기 마련이다. 사람들의 습관도 이와 마찬가지다. 행복한 사람과 그렇지 못한 사람의 가장 큰 차이도 습관에 있다. 행복한 사람은 행복해질 만한 행동을 반복하고, 불행한 사람들은 불행해질 만한 일들을 반복한다.

걱정을
취미로 두지 마라

주어진 순간을 있는 그대로 누리고 순수하게 집중하고 몰두하는 사람들을 보면 참 부럽다. 학원과 학교에서는 수업을 듣거나 주어진 과제들을 하고, 직장에서는 주어진 업무에 집중하지만 그 후 쉴 때는 충분히 쉴 수 있는 삶이다. 그리 쉬운 일은 아니다. 학교에 다닐 때도 공부할 때 공부하고 놀때 노는 친구들을 보면서 얼마나 부러워했는가.

그러나 대개는 공부할 때 놀고 싶고, 놀 때는 '이래도 되나' 하는 생각을 하면서 불편해한다. 직장에서도 일할 땐 지긋지긋하지만 막상 쉬는 시간이 길어지면 불안감에 안절부절못하는 순간이 온다. 즉, 지금 이 순간을 충분히 누리는 것이 아니라 과거의 일에 얽매이거나 미래에 있을 일을 걱정하면서 시간을 보낸다.

가끔 보면 '걱정이 취미인가?' 하는 생각이 들기도 한다. 실제로는 이게 취미 생활이라기보다는 아마 걱정하는 상태가 살아오는 동안 익숙한 정신 상태였기 때문에 느낄 수 있는 고민일 것이다. 사람들이 아침에 눈을 떠서 갈 곳이 있는 사람을 부러워하는 이유는 스스로 자신의 생각을 차분히 정리하거나 돌아보는 데 필요한 충분한 연습이나 기술이 갖춰지지 않았기 때문이다.

한국의 유명한 만화가 중 한 명인 허영만 화백은 거의 몇 십 년 동안 아침 9시에 출근해서 6시에 퇴근한다고 한다. 자유롭게 일할 수 있는 예술가인데도, 야근을 하는 게 당연해 보이는 직업인데도 오랜 기간 동안 정해진 시간에 출근해서 정해진 시간에 퇴근하는 이유는 뭘까? 정해진 틀이나 리듬이 답답하기도 하지만 오히려 이렇게 정해진 틀에 따라 사는 게 사람들에게 일정 수준의 안도감을 주기 때문이다.

완전히 새로운 공간이나 낯선 사람들과 만나면서 피로해지는 이유는 단지 그것이 새롭고 낯설기 때문만은 아닐 것이다. 사람들은 자기 자신의 마음이나 생각을 온전하게 정리하고 다루는 기술들을 잘 배우지 못한다. 자신이 왜 그런 상태가 되는지 잘 알고 있는 사람은 그렇게 많지 않다.

생각을 정리하는 방법을 제대로 배우기도 어려운데 당장 해결해야 할 과제가 없다면 일종의 '자유로운 마음의 지옥' 상태가 된다. 그러다 보면 견디기 어려워하면서 걱정거리를 만들게 되는 경우가 종종 있다. 혹은 음악을 듣거나, TV를 보거나, 유튜브를 보는 등 별로

에너지를 쓰지 않아도 주의를 분산시켜 주는 자극을 찾게 된다. 게임할 때 게임 생각만 하지 못하고, 휴식을 취할 때 충분히 휴식을 취하지 못하는 상태가 재현되는 것이다.

갑자기 내 인생을 마음대로 살게 될 수는 없을 것이다. 그러나 정해진 일들을 하나씩 규칙적으로 해 나갈 수는 있다. 이 작은 행동들이 모이면 어느 순간 내 인생에 익숙한 통로가 생겨 난다. 우리는 앞으로 인생에서 어떤 경로를 향할지 선택할 수 있다. 원래부터 그랬고, 이제 그걸 깨닫고 실천하는 일이 남은 것이다.

몰입을 위한 조언

- 인생은 원래 내 마음대로 되지 않는다. 하지만 내 마음대로 될 때도 있다. 그것은 내가 선택한 일을 하나씩 실천할 때 일어난다.

나의 즐거움은
내가 책임진다

교육받은 인간이란
배우는 방법과 변화하는 방법을 배운
사람이라고 할 수 있다.

칼 로저스

미하이 칙센트미하이 박사는 몰입하는 사람에 대해 이렇게 이야기했다.

"자신이 하는 일의 상당 부분에서 이미 보람을 느끼고 있기 때문에 물질적 욕심이 거의 없고 오락, 위안, 힘 또는 명성도 거의 필요하지 않은 사람이 자기 목적적인 사람들입니다. 이들은 일, 가정, 사람들과 소통할 때, 식사할 때, 혼자 있을 때도 몰입을 경험하기 때문에 다른 사람들이 일상으로 구성된 삶을 계속하도록 동기를 부여하는 외부 보상에 덜 의존합니다. 외부로부터의 위협이나 보상에 쉽게 영향받지 않으므로 더 자율적이고 독립적입니다. 동시에 삶의 여러 가지 활동에 완전히 몰입하기 때문에 주변의 모든 것에 더 많이 관여합니다."

아마 이럴 수 있는 여러 이유 중의 하나는 실패를 크게 두려워하지 않기 때문일 것이다. 실패를 어떤 사태의 끝으로 보고 좌절하는 것이 아니라 좀 더 배우고 개선해야 할 의미 있는 경험으로 받아들이는 것이다.

기질과 성격

심리학자이면서 정신과 의사인 클로닝거는 타고난 측면을 '기질'로, 후천적으로 형성되는 것을 '성격'으로 구분했다. 그리고 클로닝거를 포함한 수많은 심리학자는 가장 산업화된 사회부터 아마존 유역처럼 외부 세계와 거의 단절된 곳에 있는 사람들의 성격 연구를 진행했다. 그 결과 사람의 성격은 크게 다섯 가지로 구분된다는 사실을 발견했다. 전자를 '기질 및 성격 모델'로 부르고 후자를 '5요인 성격'으로 부른다.

두 성격 이론을 유심히 들여다보면 비슷한 부분이 눈에 띈다. 그중에서 기질 및 성격 검사의 '자극 추구 경향'과 5요인 성격 검사 결과의 '경험에 대한 개방성'은 자신이 처한 상황에서 적극적인 태도로 접근하려 하는지에 대한 것이다.

고칸 메구미의 《천 개의 죽음이 내게 말해준 것들》에는 인간이 죽을 때 제일 많이 하는 후회 10가지를 이야기한다.

첫째, 수많은 걱정거리를 안고 살아온 것.

둘째, 어떤 하나에 몰두해 보지 않은 것.

셋째, 좀 더 도전적으로 살지 못한 것.

넷째, 내 감정을 좀 더 솔직하게 주위 사람에게 표현하지 못한 것.

다섯째, 나의 삶이 아닌 주위 사람들이 원하는 삶을 살아온 것.

여섯째, 누군가에게 사랑한다고 말하지 못한 것.

일곱째, 친구들에게 더 자주 연락하지 못한 것.

여덟째, 지신감 있게 살지 못한 것.

아홉째, 세상의 많은 나라를 경험해 보지 못한 것.

열째, 결국 행복은 내 선택이라는 걸 이제 알았다는 것.

걱정거리를 안고 도전적으로 살지 못한 것은 실패에 대한 두려움이나 염려가 강한 기질을 타고나고 위험 회피 성향이 강한 사람들이 주로 경험하는 일이다. 이들이 주변 사람들에게 감정을 더 잘 표현하지 못한 것이나, 사랑한다고 말하지 못한 것, 친구들에게 더 자주 연락하지 못한 것은 사회적 민감성이나 우호성 같은 요소들이 영향을 미쳤을 것이다.

또한 뭔가에 몰두해 보지 않고 세상의 많은 나라를 경험해 보지 못한 것에 대한 후회는 아마도 새로운 경험을 받아들이는 열린 태도가 부족했기 때문일 것이다.

더불어 더 자신감 있게 살지 못한 것, 내가 원하는 삶이 아니라 타인이 원하는 삶을 살아온 것, 행복은 내 선택이라는 것을 이제야 깨달았다는 점 등은 자율성이나 능동적인 태도를 취하지 못해 생기는 후회이기도 하다.

인생의 여러 경험에 열려 있지 못한 상태는 마치 산해진미가 차려진 뷔페에서 맨밥만 먹는 것과 비슷한 일이다. 누군가에게 치명적인 손해를 입히는 일이 아니라면 한 번쯤은 이전과는 다른 선택을 해보는 것은 어떨까.

몰입을 위한 조언

- 여러 경험에 마음이 열리려면 나의 두려움을 살펴야 한다.
- 다른 사람이 나의 삶을 결정하지 못한다. 인생은 내 선택이며, 과정이며, 경험이다.

안 되면 되게 하라
VS 할 수 있는 걸 하라

가능성을 실현하는 것,
그것이야말로
자아실현이라고 할 수 있다.

에이브러햄 매슬로

나에게 몰입하기 위한 중요한 조건 중의 하나는 도전과 능력의 조화다. 사실 더 정확하게 말한다면 '실패하면 끝이다'라는 생각처럼 벼랑 끝에 놓인 상태가 아니라 마음이 여유로운 상태여야 하며, 도전자가 자기 자신의 능력을 믿어야 한다.

당연히 가능한 것을 넘어서 약간 더 난도가 높은 과제에 도전하려는 의지가 필요하다. 그러나 너무 불안하거나 무력하면 이런 일을 시도조차 하지 못한다. 나아가 너무 쉬운 과제들만 선택하면 결국 매우 지루해지고 몰입도가 떨어질 수밖에 없다. 이렇게 진전 없이 계속 같은 자리에만 머무르려는 사람은 스스로에게 몰입하는 시간을 갖기도 어렵고 자아의 확장 역시 기대하기 어렵다.

따라서 자신이 이전에 해 온 것보다 더 어려운 일들을 해낼 수 있다는 믿음을 가져야 한다. 그리고 실제로 해낼 수 있는 나의 능력을 갖춰야 한다. 어떤 사람은 자신의 생각이나 상상이 현실과 완전히 같다고 생각한다. 머리로만 생각해 보고 이전에 해 봤던 경험을 되살려 본 뒤 '이건 안 돼'라고 결론 짓는다.

할 수 있는 일을 반복하면
모든 일을 할 수 있게 된다

이만저만한 일이면 그런 편견에 순응하는 것도 한 방법이다. 그러나 당신에게 정말 중요한 일이라면 자신감이 없어도 시도해 봐야 할 때가 있다.

한번 되돌아보라. 당신의 삶에서 어떤 시기, 어떤 시간이 가장 후회로 남는가? 무작정 덤비고 아무 생각 없이 과거의 실수를 다시 반복하라는 이야기는 절대로 아니다.

도전하려는 과제의 수준이 나의 실력에 비해 너무 높은데, 그걸 모르고 반복적으로 시도하면 어떻게 될까? 실패가 반복될 것이다. 처음에는 '이게 왜 안 되지?'라고 생각하면서 불안감이 촉발되고, 장기적으로는 '해도 안 되네' 하고 포기하게 된다. 결국 궁극적으로는 꼭 해야 하는 일들이나 과제가 자신의 능력보다 조금이라도 어려워 보이면 지독한 불안감에 시달리다가 쉽게 포기하는 것이다.

그런데 실패 경험이 쌓이면 안전 지향 주의자가 된다. 자신이 성공할 확률이 높고 실패할 가능성이 낮은 과제들만 골라서 시도하게 되는데, 그렇게 되면 당연히 모든 일이 쉽게 지루해지고 재미없어지는 일상을 경험한다. 그렇기 때문에 너무 어려운 과제들을 굳이 먼저 시도할 필요가 없다.

약간 방향을 달리해 보자. 왜 사람들은 공무원 시험에 매달릴까? 누군가는 안정적인 직업을 추구하는 사람들에게 자신만의 꿈을 펼쳐 보라고 이야기한다. 하지만 어떤 일에 도전했다가 실패했을 경우 이를 딛고 일어설 만한 여건이 모든 사람에게 조성돼 있을까? 이를 생각해 보면 왜 공무원 시험, 로스쿨, 의대와 같은 안정적인 직업을 얻을 수 있는 학과가 인기 있는지 알 수 있다. 실패 확률이 적기 때문이다.

사람은 이상적인 수준의 과제에 도전할 때, 자신의 능력이 비슷한 수준으로 작용할 때 자신의 행동에 완전히 집중하게 되고 그 과제들을 기꺼이 수행하게 된다.

그러나 우리가 반드시 생각해야 할 것 중 하나는 실패를 받아들이는 방식이다. 실패를 받아들이고 거기서 멈추면 그냥 실패가 된다. 그러나 실패를 여러 가지 과정의 하나로 받아들이면 또 다른 성장의 한 부분이 된다.

물론 어떤 실패는 정말 뼈아프다. 실패를 피하고 자신의 목표를 향해서 최선을 다하는 것 역시 우리가 선택해야 할 일이지만 최선을 다했음에도 목표를 달성하지 못하거나 기대치에 어긋날 경우 그것을 받아들이는 것 또한 우리에게 필요한 일이다.

실패를 무조건 외면하거나 나 혹은 남의 탓을 하는 방식은 오히려 우리의 마음을 좀먹는다. 할 수 있는 것만 하고 싶은가? 그렇다면 인생은 지루하고 재미없을 것이다.

목표를 한껏 높게 잡고 성공 확률보다 실패 확률이 압도적으로 높은 일을 하고 싶은가? 그렇다면 도전해 보라. 다만 그 시도를 의미 없는 실패로 남기지는 말자. 이를 그다음에 또 다른 전략을 세울 수 있는 밑거름으로 삼을 수 있기를 바란다.

몰입을 위한 조언

- 너무 쉬우면 지루하다.
- 너무 어려우면 긴장한다.
- 나의 능력을 알고 과제의 난이도를 알면 몰입에 가까워진다.

목표가 쌓일수록
꿈이 선명해진다

중요한 것은 목표를 이루는 것이 아니라
그 과정에서 무엇을 배우며
얼마나 성장하느냐다.

앤드류 매튜스

목표의 중요성을 언급하기에 앞서 주의할 점을 먼저 언급하고자 한다. 흔히들 인생에 목표를 가지라는 이야기를 많이 한다. 누군가는 명문대 졸업생 중에서 명확한 목표가 있던 집단과 그렇지 못한 집단의 미래를 장기 추적하고 비교하는 연구를 언급하는 등 성공한 사람들에게는 모두 뚜렷한 목표가 있었다고 말한다. 마치 꿈과 목표를 반드시 가져야만 성공할 수 있고 행복할 수 있다고 믿는 듯하다.

그런데 정말 그럴까? 우리가 보고 듣는 성공담은 정말 사실일까?

만약 사실이라고 한들 그 사람들이 가진 유전자와 가정 환경, 또 시대상을 고려했을 때 그들을 그대로 따라 하는 것은 오히려 실패의 지름길이자 불행해지는 방법이 될 수도 있다.

그럼 인생의 목표 없이 살아가는 게 좋을까? 그렇지는 않을 것이다. 다만 내가 이루고 싶은 일이 있다면 그것이 진정 내가 원하는 것인지 생각해 봐야 한다. 그렇지 않으면 목표를 달성하고 '어, 이게 아닌데!' 하는 생각이 들 수도 있다.

물론 아무것도 하지 않는 것보다는 목표를 세우고 달성하는 게 나을 수 있다. 그렇게라도 내가 원하는 것을 찾아 간다는 점에서 매우 가치 있는 경험이다. 처음에 생각한 것과 다른 결과를 맞더라도 얻은 것이 있다면 실패라고 보기 어렵다. 내가 도달한 그 목표가 내가 진정으로 원하는 것이 아니라는 것을 알았다면 그것만으로도 매우 가치 있는 경험이다.

좋은 목표를 정하는 네 가지 원칙

도달하고자 하는 목표에 당도해야 그게 정말 내가 원하는 것인지 아닌지를 알 수 있다. 그러니 우선은 목표를 정하는 방법부터 알아보도록 하자. 앞서 이야기했듯이 목표는 내가 진정으로 원하고 중요하게 여기는 것이 무엇인지를 알게 해 준다는 것만으로도 세울 가치가 충분하다.

목표가 정해지면 한 사람의 생각이나 행동의 방향이 정해지는 셈이다. 또 목표는 그 자체로 삶의 매우 중요한 기준이 되고 삶의 동기로 작용하기도 한다.

심리학에 큰 영향을 미치고 있는 이론 중 하나도 바로 목표 설정 이론이다. 목표 설정 이론을 제안한 로크는 목표가 실제 행위 또는 성과를 결정하는 주요 요인임을 강조했다. 스티어스는 목표의 속성을 여섯 가지로 제시하고 있다. 그중 좋은 목표를 정하는 네 가지 원칙을 소개하겠다.

첫 번째, 내가 정한 목표일지라도 이것이 정말 내가 원하는 것인지, 받아들일 수 있는 것인지 한 번 더 고민해야 한다.

당신의 목표는 정말 자발적으로 세운 목표인가? 혹은 주변 인물들이나 다른 사람들이 너무 오랜 기간 언급해서 마치 나의 목표라고 착각한 것인가? 당신의 목표가 사실은 타인의 목표가 아니었는지 점검해 보길 바란다.

두 번째, 정말 내가 원하는 것이라면 그 목표가 매우 구체적이어야 한다.

'공부를 잘하자'라거나, '날씬해지고 싶다', '부자가 되고 싶다'와 같은 목표는 다소 추상적이다. 이를 더 구체적이고 명확한 목표로 바꿔 보자. 구체적으로 정한 목표는 행동의 기준과 방향 역시 명확하게 제시해 준다.

'이번 시험에서 몇 등을 하겠다.'

'몇 킬로그램까지 살을 빼겠다.'

'돈을 1,000만 원 모으겠다.'

세 번째, 난도가 너무 높지도 않고 너무 낮지도 않은 목표가 좋은 목표다.

이것은 철저히 개인화된 목표여야 한다. 즉, 나의 목표를 정할 땐 다른 사람들의 것과 비교하기보다는 과거의 자기 자신의 수준과 비교해서 약간 더 어려운 목표를 정해야 한다. 그래야 과제에 더 잘 몰입할 수 있다.

너무 쉬우면 지루하고 너무 어려우면 불안해지기 마련이다. 그렇기 때문에 과제를 열 번 정도 시도했을 때 일고여덟 번 정도는 성공할 수 있는 수준으로 목표를 설정하는 것이 바람직하다. 이는 몰입 연구에서 이야기하는 '도전과 능력의 조화'와 일맥상통한다.

네 번째, 목표를 달성하기 위해 들인 노력이 실제로 결과로 이어졌는지 아닌지를 명확하게 알 수 있어야 한다.

이때 감정이 아니라 사실에 기반한 정확한 피드백이 목표 달성을 가속화한다. 불필요한 부정적인 감정은 분노감과 죄책감을 일으킨다. 또한 필요 이상의 칭찬과 격려는 현실을 잊게 하고 현재 나의 위치를 정확히 알 수 없게 만드는 가림막으로 작용한다.

나의 노력을 점검할 때는 초반에는 칭찬을 보다 후하게 주고 후반부로 진행될수록 보다 명확하게 전달해야 한다. 이를 몰입 이론에서 '명확한 피드백'이라고 부른다.

운동이나 악기를 배우다 보면 담당 강사로부터 이런 피드백을 듣는 경우가 있다.

"그렇지, 그거예요. 그 감각을 기억하세요."

이처럼 자연스러운 반응들이 바로 명확한 피드백이다.

이 네 가지 조건 중 어느 하나라도 빠지게 되면 그 목표는 더 이상 기능이 온전하게 발휘되기 어렵다. 좋은 목표는 그 자체로 훌륭한 동기가 된다는 것을 잊지 말자.

몰입을 위한 조언

- 목표를 잘못 세웠더라도 자신이 어디로 가야 하는지를 알게 된다면 값진 경험이다.
- 좋은 목표는 그 자체로 훌륭한 동기가 된다.

한 문제를 해결할 때까지 몰아붙이는 정신

나는 나에게 일어난 사건들의 총합이 아니다.
나는 내가 되고자 결정한 존재다.

카를 구스타프 융

과거에는 직업의 종류도 단순하고 한번 직업을 가지면 쉽게 바꾸지 않았다. 그러나 지금은 직업이 매우 다양해졌고 선택의 폭도 넓어졌다. 그만큼 직업을 고를 때 심리적이고 인지적인 노력도 많이 들어가게 된 셈이다. 자신이 선택할 수 있는 부분이 많은 것을 축복으로 여길 수도 있지만 선택의 폭이 넓어진다는 것은 그만큼 따져야 할 것이 많아 불안해지기 쉽다는 뜻이기도 하다.

불안감을 잠재울 내비게이션 같은 기능이 있다. 그건 바로 '나'와

'나의 실수'다. 인생은 유한하다. 비록 지금은 아직 젊고 죽음이 멀어 보여도 끝은 반드시 온다. 그러니 주어진 시간 안에 해야 할 일을 하고 나에게 덜 중요하고 불필요한 일은 최대한 하지 않는 것이 인생에 도움이 된다. 의욕이 넘치고 일을 많이 벌이고 수습이 안 되는 상황일수록 더더욱 판단을 잘해야 한다.

몰입의
우선순위를 정하라

우선순위를 정할 때 어떤 기준으로 정하는가? 내 인생의 가치, 목표와 밀접한 관련이 있다. 그 기준 중 하나는 이런 것일 수 있다.

"이 일이 10년 뒤 나에게 중요한 영향을 미칠까?"

사람들은 흔히 내 인생에서 정말 중요한 일인지, 그 일을 언제까지 마쳐야 하는지를 기준으로 삼아 우선순위를 정한다. 이상적인 삶의 모습이 있고 그 삶에 가까워지는 것을 중요하게 여긴다면 그 수단이 목표가 된다. 목표가 인생의 중간 기착지가 되는 것이다.

한 사람이 서울과 부산을 동시에 갈 수는 없다. 몸이 하나기 때문이다. 몰입도 마찬가지다. 한 번에 두 가지 일에 몰입하지 못한다. 그러므로 원하는 일에 깊이 몰입할 수 있는 여건을 마련하기 위해 우선순위를 정해야 한다.

일의 우선순위는 각자 처한 상황이나 여건에 따라서 가변적이다. 사람들은 일하면서 '쉬고 싶다', '놀고 싶다'는 말을 입에 달고 산다. 실제로 휴식은 그 어떤 일보다도 중요한 우선순위가 되기도 한다. 그러나 정작 일보다 휴식을 우선하기는 쉽지 않다.

몰입하고 싶은가? 몰입이 잘 되지 않아서 걱정인가? 그렇다면 몰입하려는 일의 가짓수를 줄여라. 한꺼번에 두 가지 일을 할 수는 있다. 하지만 둘 중 하나라도 잘하고 싶다면 한 가지 일은 일시적으로 중단해야 한다.

혹시 집중하거나 몰입해야 할 일이 너무 어렵거나 도저히 해낼 수 없을 것 같아 막막한가? 이런 상황에서는 과제를 나눌 수 있는 가장 작은 단위로 나눠 볼 것을 권한다. 여러 자극이 차단돼도 창의적인 생각을 할 수 있도록 만드는 것이 바로 몰입의 속성이다. 외부 환경이 매우 곤혹스럽고 힘들더라도 정신 상태는 바꿀 수 있다.

포기하지 않고 내가 원하는 일에 선택적으로 집중하다 보면 어느 순간 우리는 일의 핵심에 접근하고 있는 모습을 발견할 것이다. 심리학에서는 이를 '부화 효과'라고 부른다.

부화 효과란, 의식적으로 하던 여러 생각이 무의식 상태에서 재조합돼 갑자기 해결책을 발견하거나, 여러 번 생각해도 문제의 실마리를 찾지 못했던 일을 일정 시간 제쳐 뒀다가 나중에 다시 바라보면 해결책을 발견하는 현상을 말한다. 그러니 당장 문제가 해결되지 않더라도 그 문제를 몇 시간, 며칠, 또는 몇 주 동안 제쳐 두자. 훗날 다시 그 문제를 고민할 때 전과 다른 해결책을 발견할 수 있을 것이다.

몰입을 위한 조언

- 내가 정한 목표가 10년 뒤에도 내게 중요한지 생각해 보자.
- 중요한 일은 평소에 나눠서 하자.
- 당장 해결되지 않는 일은 시간을 두고 지켜본 뒤 나중에 다시 시도해 보자. 보이지 않던 해결책이 보일 것이다.

이소룡도 발차기를
1만 번 연습한 사람은 두려워한다

물방울이 바위를 뚫을 수 있음은
그 힘이 아니라 꾸준함이다.

마틴 루터

혹시 당신은 천부적인 재능을 발견했는가? 그렇다면 축하받아 마땅할 일이다. '자신의 재능을 발견하지 못해서 지금 상황을 견디는 것도 재능'이라는 우스갯소리가 있을 정도로 재능을 발견하기란 쉽지 않다. 그러나 살다 보면 어떤 영역이든 나보다 뛰어난 사람들이 참으로 많다는 사실을 깨닫기도 한다. 실제로 직장인들과 상담하다 보면 '돈 때문에 그만두지 못하는 거지 비전도 안 보이고 죽겠어요', '내가 뭘 잘하고 싶어 하는지 모르겠어요'라고 말하는 경우가 많다.

그 나이 되도록 아직도 그렇게 사느냐며 비난하는 목소리도 있지만 실제로 이런 사람이 의외로 많다. 어찌 보면 너무나 당연하다. 취직에 성공한 사람들이 정말 직장인이 되기를 원했을까? 사실은 생계를 유지하기 위해서 선택한 경우가 더 많을 것이다.

영화 배우이자 감독, 무도가이며 절권도의 창시자인 이소룡은 "나는 1만 가지의 발차기를 수련하는 사람은 무섭지 않다. 한 가지의 발차기를 1만 번 연습하는 사람이 무서운 거다"라고 말했다.

1만이라는 숫자는 상징적이다. 이소룡의 말도 그렇고 말콤 글래드웰의 1만 시간의 법칙도 그렇다. 무엇이든 1만 번 반복해서 숙달할 수 있다면 참 좋겠다. 하지만 숙달되지 않는다고 실망할 필요도 없다. 1만 번 할 수 있다면 노력하는 능력을 갖춘 셈이다.

지능보다 중요한 성실성

흔히 노력은 능력으로 쳐 주지 않는 경향이 있다. 그러나 노력도 능력이다. 영역을 불문하고 높은 수준의 성취를 이룬 사람들의 근간이 바로 '성실성'이다.

영재 연구로 유명한 미국 심리학자 터만은 영재 중에서 가장 성공한 사람과 가장 실패한 사람을 각각 150명씩 선정한 뒤 그들을 분석했다. 그 결과, 성공을 결정하는 것은 지적 능력이 아닌 성실성이었다. 머리가 좋은 사람보다 성실한 사람들이 인생에서 더 성공했다는 것이다.

두 집단에서 가장 현저한 차이를 보인 성격 요인은 목표 달성을 위한 지속력과 통합력이었다. 이와 유사한 연구들은 후대에도 이어졌다. 앤절라 더크워스가 쓴 《그릿》에서도 지적인 능력만으로는 행복해진다거나 몰입과 성취를 잘한다고 결론 짓지 못한다.

동일한 노력을 기울였을 때 남들보다 더 나은 성취를 보이는 사람에게 해당 영역에 '재능' 또는 '적성'이 있다고 말한다. 잘하고 싶은 마음을 넘어 실제로 그 일을 잘하는 것이다. 사람들은 의외의 영역에서 자신의 재능을 발견하기도 한다. 그리고 나서 이런 의심을 하기도 한다.

'이게 정말 내 재능이 맞을까?'

하지만 재능은 경우에 따라서 후대에 밝혀지기도 한다. 그러니 결과만을 중요시하기보다는 하루하루 즐기고 누리면서 순간을 살아가기를 바란다.

몰입을 위한 조언

- 재능은 중요하다. 재능에 노력을 더하는 것은 더 중요하다. 거기에 즐기기까지 하면 금상첨화다.

나를 돌보는
몰입의 시간들

바꿀 수 없는 것을 받아들이는 평온과
변화시킬 수 있는 것을 변화시키는 용기를 주시고
이것을 분별하는 지혜를 주소서.

라인홀드 니부어

나에게 몰입하는 힘을 기르기 위해서 스스로에게 과도하게 몰두하거나, 왜 몰입이 되지 않는지 고민하는 경우가 생길 수 있다. 그러나 이런 생각이 역설적으로 몰입을 방해하는 결정적인 요소가 된다. 마치 해탈하고 싶은 수행자가 거의 모든 욕심을 내려놓았지만 내려놓은 욕심보다 더 큰 욕심에 사로잡히는 것과 비슷하다. 그러나 몰입한 사람들이 공통적으로 경험한 상태는 스스로를 망각한 몰아의 상태다. 말로만 '나 내려놓았다'고 하는 것보다 과정에만 충실하면 몰입은 어느 순간 우리 옆에 와 있다.

간절히 이기고 싶어 하는 운동선수들이 경기 막바지에 이르러 지금까지와는 다른 경기를 풀어 가는 경우가 있다. 승패를 떠나서 게임을 그 자체로 수행하게 되는 경우다. 때로는 극적인 막판 뒤집기가 나오기도 한다.

반대로 9회까지 퍼펙트게임을 하던 야구 선수가 어느 순간부터 결과에 신경을 쓰게 되면서 고도의 집중력이 무너지고 실점을 허용하는 경우도 있다. 다소 어처구니없지만, 몰입을 하려고 과도하게 신경을 쓰면 쓸수록 오히려 몰입에서 멀어지는 결과를 맞이하는 것이다.

최선의 노력이
꼭 최상의 결과를 가져오지는 않는다

몰입이 되지 않는다고 조바심을 내지 않아도 된다. 그저 그런 상태를 있는 그대로 받아들이길 바란다. 온전히 받아들인다는 것은 포기하거나 좌절하는 것과 다르다. 내가 지금 그런 상태에 놓였음을 인정하는 것이다. 거기서부터 몰입이 시작된다. 지금 나의 신체와 정신은 몰입을 할 만한 상태인가? 너무 피곤하거나, 너무 욕심을 부리고 있지는 않은가?

동양에서는 예로부터 '진인사대천명(盡人事待天命)', 최선의 노력을 다하는 것은 사람의 몫이며 그다음에는 하늘의 명을 따른다고 했다. 모든 것이 운명이라는 말은 언뜻 보면 최선의 노력을 기울이면 최상의 결과가 나온다는 인과론적인 생각보다 더 비관적으로 보인다.

그러나 최종적인 결과는 여러 가지 요소가 조합되는 결과로 얻어진다. 최선만 다한다고 최상의 결과가 나오지 않는 게 오히려 현실적으로 느껴진다. 최선을 다해 노력하는 것은 그 자체로 칭송받을 만하다. 하지만 최상의 결과가 나오지 않는다고 해서 스스로를 비난할 일은 아니다.

사람들은 흔히 결과와 과정을 혼동한다. 좋은 결과가 나오지 않은 원인을 노력하지 않았기 때문이라고 여긴다. 일부 사람에게는 최선을 다해야 한다는 말이 너무나 완벽주의적이고 강박적으로 다가와서 그렇지 않았을 때 죄책감까지 느끼는 경우를 종종 본다.

더불어 누가 봐도 불가능해 보이는 일에 도전하고 실패했을 때 좌절감과 무력감에 빠지는 경우를 본다. 결국 '불가능은 견해일 뿐 사실이 아니다'라는 식의 말은 각자의 환경, 상황, 해결해야 하는 과제의 난도에 따라 달라질 수 있는 말이다.

오르막길에는 끌어 주고
내리막길에는 잡아 주는 몰입의 힘

미국의 소설가 마거릿 미첼의 《바람과 함께 사라지다》에서 "개가 짖어도 행렬은 나간다(The dogs bark, but the caravan moves on)"라는 표현이 나온다. 밥을 먹다가 체해도 몸이 나으면 다시 밥을 먹게 되고, 주변의 온갖 방해에도 꼭 필요한 일은 하기 마련이다. 꼭 필요한 일은 남이 정하는 게 아니라 내가 정하는 것이라서 그렇다.

세상을 살아가면서 어떻게 꽃길만 걷고, 어떻게 분홍빛 인생만 꿈꿀 수 있을까. 때로는 진흙과 아스팔트 길을 걷는다. 오르막일 때도 있고 내리막일 때도 있다. 우리는 인생의 오르막은 비교적 잘 알 수 있지만 내리막은 늘 지금 이 순간이 바닥일 것이라고 생각한다. 그러나 정말 바닥이 어디인지는 알 수 없다.

몰입은 우리가 오르막길을 오를 땐 더 잘 오를 수 있도록 돕는 역할을 하고, 내리막길을 향할 땐 브레이크를 걸어 주는 역할을 한다.

그러니 우리는 결과뿐만 아니라 과정을 통해서도 행복해지는 방법을 알아 가야 한다.

바깥세상은 우리가 통제하기 어렵지만 몸 안의 생각과 감정은 통제할 수 있다. 그리고 우리 몸 안의 생각과 감정을 잘 바꿔 나갈 수 있다면 환경도 그에 맞춰 변화할 것이다.

몰입을 위한 조언

- 몰입하다 보면 나도 잊는다.
- 몰입하고 싶은데 안 되면 일단 쉰다.
- 인생의 오르막과 내리막은 몰입으로 견딜 수 있다.

그때의 당신이 있었기에
지금의 당신이 있다

호랑이는 죽어서 가죽을 남기고 사람은 죽어서 이름을 남긴다고 한다. 그런데 가끔은 '이름을 꼭 남겨야 할까' 싶기도 하고 불명예를 남길 바에야 아예 이름을 남기지 않는 게 낫지 않을까 하는 생각이 들기도 한다.

그러나 자신에게 주어진 일에 행복하게 몰두했던 대가들의 이름은 역사에 남아 있는 경우가 많다. 몰입을 연구한 미하이 칙센트미하이 교수, 임마누엘 칸트 등이 그렇다. 이들의 삶이 구체적으로 '몰입해서 즐거웠다'고 기록돼 있지는 않았지만 이들이 돈이나 명예만을 위해 살지 않았을 것이다. 하는 일 그 자체를 즐기고 충분히 몰입하는 삶을 살아온 결과가 업적이 되고, 훌륭한 저작물과 예술품으로 남은 것이다.

게다가 당시에는 주목받지 못하다가 시간이 흘러 명성을 얻는 경우도 많다. 우리는 그들의 결과물과 명성만을 보고 판단하지만, 추정컨대 그들은 자신의 삶에 충실히 몰입하며 살았을 것이다.

누구나 원하는 삶의 방향으로
나아갈 수 있다

나는 심리학자 아빠의 입장에서, 나중에 아이가 성인이 된다면 어떤 심리적인 자산을 물려줄 수 있을지 고민해 본 적이 있다. 내 아이가 행복한 인생을 살려면 무엇이 필요할까? 한참의 고민 끝에 정리한 심리적 자산은 크게 두 가지다. 첫 번째는 혼자서도 재미있게 시간을 잘 보낼 수 있는 방법이고, 두 번째는 여러 가지 역경이나 스트레스에도 견디는 방법이다.

생각해 보니 혼자서도 시간을 잘 보낼 수 있는 방법이나 스트레스에 견디는 능력은 모두 몰입하는 능력과 크게 다르지 않다. 인생에 찾아오는 어려움을 피할 수 없다면, 혼자 있는 시간이 자주 찾아온다면 나에게 몰입하는 시간으로 이를 극복할 수 있으리라고 믿는다.

시베리아 수용소에 수감됐던 알렉산더 솔제니친, 나치 유대인 수용소에 수감됐던 빅터 프랭클처럼 극한의 수감 생활을 한 사람들이 그 좋은 예가 될 수 있을 것이다. 여러 예를 보건대, 행복한 사람이 되기 위한 첫 번째 전제 조건 중의 하나가 '시간을 어떻게 보내는지'와 관련이 있다. 아이가 예닐곱 살 무렵, 함께 놀던 친구와 헤어질 시간이 다가오자 놀이 시간을 정해 주고 그 시간 동안만 놀 것을 권유한 적이 있다. 그러자 아이가 이런 말을 했다.

"재미있게 놀면 시간이 빨리 가니까, 재미없게 놀아야지."

아이의 말을 듣고 웃었던 기억이 있다. 아이도 즐겁고 몰입하면 시간이 빨리 흘러간다는 걸 알아차린 것이다.

사람들은 자신의 의지로 태어나지 못한다. 인생의 첫 단추인 출생이 자신의 의지와 상관없이 시작돼 버리는 것이다. 게다가 스스로 결정하고 판단하고 책임지는 어른이 될 때까지 필수적으로 부모에게 의존해야 한다. 온전히 스스로 선택하는 삶을 살 때까지 걸리는 시간은 참 길기도 하다. 이런 까닭으로 어쩔 땐 당연히 수동적일 수밖에 없는 상황이 찾아오기도 한다.

그렇다면 모든 것을 내가 알아서 결정하는 인생이 행복할까? 행복하고 즐겁기만 한 인생, 반대로 불행하고 고통으로만 점철된 인생은 없다. 대개의 삶이란 행복과 불행, 즐거움과 고난이 뒤섞였다. 이렇게 복합적인 인생을 불행하게만 보는 사람이 있고, 불행한 사건을 겪더라도 다른 사건에서 행복을 충분히 누리는 사람이 있다. 뭔가를 성취해야만 가치 있는 것이라는 생각에서 벗어나서 자신에게 주어진 시간을 의미 있게 쓰는 기술은 얼마든지 배울 수 있다. 이를 통해서 누구나 자신이 원하는 삶의 방향을 찾고 그리로 나아갈 수 있으리라 믿는다.

몰입은 인생의 역경을
견디도록 돕는다

요즘은 취업이나 연애, 결혼, 출산과 육아를 현실적인 이유로 포기하는 사람들이 많다. '이번 생은 포기했다'는 표현이 나오게 된 배경을 보면 정신 분석학자 프로이트가 건강한 인생의 조건을 '일'과 '사랑'이라고 한 것에 고개가 끄덕여진다.

역경이나 스트레스에도 견디는 능력이 필요한 이유는 자명하다. 살다 보면 내가 원치 않는 일들을 반드시 경험하게 되기 때문이다. 인생에서 벌어지는 행복과 불행이 필수 불가결한 것들이라면 둘 중 어떤 상황에 초점을 맞출 것인지는 선택의 문제다.

신학자인 라인홀드 니부어는 '평온을 비는 기도'라는 기도문에서 이런 말을 썼다.

"주여, 제가 바꿀 수 없는 일은 받아들일 수 있는 평온을 주시고, 바꿀 수 있는 일은 바꿀 수 있는 용기를 주시며, 이 둘을 구분하는 지혜를 주소서."

다만 '네가 한 결정은 다 잘못됐으니 네가 책임을 져야 한다'는 말에는 동의하기가 조금 어렵다. 내 인생에 도움이 되지 못하는 방식으로 자신의 감정을 다루고, 사람을 만나고, 자신을 함부로 대하는 사람들은 많은 경우에 자신에게 선택권이 주어졌다는 사실조차 잘 인식하지 못한다.

그렇게 힘든 와중에 자기 탓을 하기로 선택하는 모습을 보면 안타깝다. 비난하지 않고 '잘했으면 너의 덕이고 잘못됐으면 바로잡아 나가야 한다'는 말이 더 도움이 되지 않을까. 상대방의 결정이 옳고 그른지를 판단하기보다는, 잘했으면 너의 덕이고 잘못됐다면 그건 네가 뭔가를 바꿔 나가야 한다고 말해 주는 것이 어떨까.

　그럼 지금 내가 잘 살고 있는지를 판단하는 기준은 무엇일까? 잘 산다는 건 과연 무엇일까? 상담실을 찾아오는 사람들의 고민을 듣다 보면 '나라면 어떻게 했을까?' 하며 생각하기도 하고, '저 사람은 참 대단하고 건강하다'고 느끼는 분들을 만나기도 한다. 이런 생각의 끝자락에서 과연 나는 잘 살고 있는 건지 고민하게 된다.

　심리 상담을 하는 사람도 사람인지라 힘들 때는 '몰라, 될 대로 되라지' 하는 심정이 되기도 하고, 힘든 시간이 지나가면 '그래도 막 살면 안 되지' 하는 다짐을 하기도 한다. 10년, 20년 전에 비하면 더 나은 사람이 된 것 같은데, 어떻게 보면 아닌 것 같기도 하다.

　상담을 하면서 깨달은 것은 사람의 마음은 매우 복잡하고, 사소한 행동과 호소 이면에는 본인도 깨닫기 어려운 감정들이 있다는 점이다. 그리하여 나는 상담실을 찾은 사람들에게 '그때의 당신이 있었으니 지금의 당신이 있는 것'이라고 말해 주고 싶다. 이 글을 보는 모든 사람들에게도 견뎌 줘서 고맙다는 말을 전한다.

지금까지 몰입이라는 심리적인 기술을 삶에 적용하는 법을 소개했다. 자기 자신에 대한 이해를 돕기 위한 방법도 있었고, 현실에서 마주하는 여러 가지 문제를 해결하는 방법도 있었다. 우려스러운 점은 독자들이 한두 번 해 보고 안 된다고 포기하는 것이다. 그러나 자신의 몸에 배어 있는 행동 양상과 습성들은 하루아침에 변하지 않는다는 점을 기억해 주면 좋겠다.

마지막으로, 이 책은 사춘기 초입에 접어든 아이와 함께 나의 훌륭한 선생님이자 동반자인 아내와 매 저녁마다 커다란 식탁에 둘러앉아 내용을 구상하고 함께 의논하면서 쓴 것임을 밝힌다.

인생을 긍정적으로 바꾸는
나에게 몰입하는 시간의 힘

ⓒ 한근영 2021

1판 1쇄 2021년 9월 17일
1판 2쇄 2021년 11월 1일

지은이 한근영
펴낸이 유경민 노종한
기획마케팅 1팀 우현권 **2팀** 정세림 현나래 유현재 서채연
기획편집 1팀 이현정 임지연 **2팀** 박익비 **라이프팀** 박지혜 장보연
책임편집 임지연
디자인 남다희 홍진기
펴낸곳 유노북스
등록번호 제2015-000010호
주소 서울시 마포구 월드컵로20길 5, 4층
전화 02-323-7763 **팩스** 02-323-7764 **이메일** uknowbooks@naver.com

ISBN 979-11-90826-75-4 (03190)